# Co-Abhängigkeit in Beziehungen

## – Selbsthilfe für Betroffene –

Mit diesen 155 bewährten Methoden, Übungen und Hinweisen bauen Sie sich eine gesunde Partnerschaft auf

### Sigmund Ambrosius

# Inhaltsverzeichnis

# Einführung

Auf den ersten Blick sehen co-abhängige Beziehungen völlig gesund aus. Es scheint Vertrauen, Fürsorge und Nähe zu geben – und was kann daran schon schlecht sein? Doch schauen Sie etwas genauer hin und Sie werden sehen, dass mehr dahintersteckt. Beide Partner scheinen unterschiedliche Rollen zu haben und in einem Kreislauf gefangen zu sein. Ein Partner ist der Kümmerer oder der „Wiedergutmacher", während der andere Partner ein Übermaß an Unterstützung erhält, das jedes persönliche Wachstum verhindert. Jetzt, wo Sie es aus der Nähe sehen, erkennen Sie dieses ungesunde Muster als das, was es ist: Co-Abhängigkeit.

Wenn Sie sich in einer co-abhängigen Beziehung befinden, kennen Sie diese einseitige Dynamik gut. Vielleicht sind Sie der Zuhelfer und wollen Ihrem Partner so sehr helfen, dass Sie am Ende alles für ihn tun – und sogar zulassen, dass seine abträglichen Gewohnheiten Schaden anrichten. Oder vielleicht sind Sie der Partner, dem zugeholfen wird, und der an einer Krankheit, einer Sucht oder einer psychischen Störung leidet, und Sie sind auf Ihren Partner angewiesen, da dieser Sie dabei unterstützt, jeden Tag zu überstehen. Bis jetzt hat man Ihnen beigebracht, zu glauben, dass Ihr Verhalten ein Zeichen von Liebe ist, aber ich bin hier, um Ihnen zu sagen, dass Sie sich sehr irren.

Co-Abhängigkeit ist ein zutiefst dysfunktionaler Zustand. Wenn sie eine Beziehung übernimmt, kann sie die Partner

1

in ihrem beruflichen Erfolg bremsen, die Verbindung zu Familienmitgliedern und Freunden kappen, tiefe emotionale oder psychische Verletzungen verursachen und auf lange Sicht Feindseligkeit in der Beziehung erzeugen. Dies kann zum Zerfall der jeweiligen Partnerschaft führen, was bedeutet, dass all Ihre Opfer umsonst waren. Sobald die Co-Abhängigkeit erkannt wird, muss sie aufgehalten werden, sonst wird immenser Schaden verursacht.

In diesem Buch werde ich Ihnen helfen, Ihre co-abhängigen Verhaltensweisen abzulegen, damit Sie endlich in der gesunden, glücklichen Beziehung leben können, die Sie sich wünschen. Ich werde aus dem klammernden, abhängigen Partner, der Sie jetzt sind, ein ermächtigtes Individuum machen, das sich in seiner eigenen Welt pudelwohl fühlt. Selbst wenn Sie schon lange in diesem destruktiven Kreislauf feststecken, zeige ich Ihnen, wie Sie ihn für immer verlassen können.

Ich bin stolz darauf, sagen zu können, dass ich ein von Co-Abhängigkeit Genesener bin. Seitdem ich mich vor einigen Jahren von meinen co-abhängigen Gewohnheiten befreit habe, habe ich vielen co-abhängigen Paaren geholfen, aus ihren schädlichen Beziehungsmustern auszubrechen. Ich kenne Ihre Kämpfe besser als die meisten Menschen. Ich habe sie selbst erlebt und ich verstehe das Verlangen, gebraucht zu werden – und wie es sich anfühlt, nicht zu wissen, wer man ist, wenn man nicht gebraucht wird. Ich bin der lebende Beweis dafür, dass es besser wird und dass sich Ihre Beziehung millionenfach erfüllender, liebevoller und ermächtigender anfühlen kann, wenn Sie nur die richtigen Mittel und Informationen haben. Genau diese werde ich Ihnen geben. In diesem Buch teile ich alle Erkenntnisse mit

Ihnen, die ich auf meiner Reise von der Co-Abhängigkeit hin zur Selbstermächtigung gelernt habe. Alles, was ich auf die harte Tour gelernt habe, werde ich Ihnen einfach erzählen, damit Sie nicht die gleichen Fehler machen müssen wie ich. Ich werde Ihnen zeigen, wie ich meine ungesunde, belastende Beziehung in eine kraftvolle Partnerschaft verwandelt habe, die bis heute gedeiht – sogar nach zwanzig Jahren!

Ihre Beziehung ist dazu bestimmt, zu gedeihen. Bald werden Sie endlich verstehen, was das wirklich bedeutet. Sie werden sich nicht mehr verzweifelt und von Ihrem Partner erschöpft fühlen. Sie werden wissen, wie Sie die Bedürfnisse Ihres Partners und gleichzeitig auch Ihre eigenen erfüllen können. Sie werden wissen, wie Sie es schaffen, Ihrem Partner das absolut Beste zu geben, während Sie gleichzeitig bestimmte Belohnungen für sich selbst genießen. Zum ersten Mal wird sich Ihre Beziehung tatsächlich im Gleichgewicht befinden, und Sie werden erleben, wie es wirklich ist, zutiefst zu lieben und im Gegenzug zutiefst geliebt zu werden.

Ich habe mit vielen Paaren gearbeitet, die andere für „nicht mehr zu retten" hielten, und sie alle haben eine vollständige Genesung von ihrer Co-Abhängigkeit erlebt. Diejenigen, die sich einst festgefahren fühlten, wissen jetzt, wie es ist, sich weiterzuentwickeln und zu wachsen. Die Wahrheit ist, dass der Ausbruch aus der Co-Abhängigkeit nicht nur Ihre Beziehung verändert, sondern Ihr ganzes Leben. Die Menschen, mit denen ich gearbeitet habe, ernten bis zum heutigen Tag den Lohn für die Arbeit an sich selbst. Die Hilfe, die ich ihnen angeboten habe, werde ich Ihnen nun in diesem Buch geben.

3

Co-abhängig oder nicht, lassen Sie uns nicht vergessen, dass wir uns alle in liebevollen Beziehungen befinden wollen, die Freude in unser Leben bringen. Das ist eine Gemeinsamkeit, die wir alle teilen. Was Sie von anderen unterscheidet, ist, dass Sie sich in den falschen Gewohnheiten und in dysfunktionalen Mustern verfangen haben. Mit meiner Hilfe werden Sie diese Hindernisse endlich beseitigen. Sie können all das genießen, was an Ihrer Beziehung wunderbar ist, und zugleich alles hinter sich lassen, was Sie frustriert und aufregt.

Hier ist der erste Tipp, den ich Ihnen gebe: Fangen Sie jetzt an! Mit der Zeit fahren sich co-abhängige Paare in ihren Gewohnheiten fest und es wird immer schwieriger, ihre schädlichen Verhaltensweisen zu durchbrechen. In jedem Moment, den Sie damit verschwenden, co-abhängig zu sein, leben Sie nicht Ihr volles Potenzial aus. Was entgeht Ihnen und Ihrem Partner, während Sie an diesen destruktiven Mustern festhalten? Welche wunderbaren Erfahrungen oder Leistungen könnten Sie *jetzt* erzielen, wenn Sie nur den Raum dafür schaffen würden, um sich zu entfalten?

Wenn Sie auf die nächste Seite blättern, haben Sie den ersten Schritt getan, um sich Ihr Leben von der Co-Abhängigkeit zurückzuerobern. Dies ist eine aufregende Zeit – das Ende einer dunklen Ära und der Beginn eines neuen Zeitalters, in dem Sie endlich frei von den Fesseln der Co-Abhängigkeit sein werden. Machen Sie sich bereit für das neue Kapitel in Ihrem Leben.

**Anmerkung zu den im Text verwendeten Begriffen:**
Die Person in der co-abhängigen Beziehung, die durch ihre stetige Hilfeleistung dazu beiträgt, dass ihr Partner weiterhin in seiner Abhängigkeit verbleibt, wurde ursprünglich von Sharon Wegscheider (1988, Es gibt doch eine Chance. Hoffnung und Heilung für die Alkoholiker-Familie) mit dem englischen Begriff „Enabler" bezeichnet und mit „Zuhelfer" ins Deutsche übersetzt, sein Verhalten als „zuhelfen". Das Verb „to enable" bedeutet ermöglichen, befähigen. Der „Enabler" ermöglicht bzw. verhilft dem Partner also zu dessen Abhängigkeit. Dieser ist der „enabled Partner" - derjenige, dem zugeholfen wird - und wird somit im Folgenden als der „zugeholfene Partner" bezeichnet.

# Kapitel eins: Sind Sie co-abhängig?

Co-Abhängigkeit ist für viele Paare ein unangenehmes Thema und das liegt zum Teil an einem großen Missverständnis über die eigentliche Bedeutung des Begriffes. Das Wort „Co-Abhängigkeit" wird in der modernen Welt viel umhergeworfen und dazu benutzt, um jedes Paar zu beschreiben, das sich extrem nahesteht oder viel Zeit miteinander verbringt. Diese Definitionen sind natürlich völlig unzutreffend. Co-Abhängigkeit geht weit über Verliebtheit oder Intimität hinaus. Sie ist weit mehr als nur Verlässlichkeit oder Abhängigkeit. Echte Co-Abhängigkeit erweist beiden Partnern in einer Beziehung einen großen Bärendienst und hält sie in ungesunden Gewohnheiten gefangen, die ihr Leben langsam ruinieren. Es ist an der Zeit, dass wir aufhören, den Begriff „Co-Abhängigkeit" so leichtfertig zu verwenden. Ihre Auswirkungen können brutal sein, wenn nichts gegen sie unternommen wird.

In einer gesunden Beziehung geben und nehmen beide Partner in gleichem Maße voneinander. Du übernimmst diese Aufgabe, ich übernehme jene Aufgabe. Du bezahlst heute das Abendessen, ich koche morgen. Es mag nicht immer so einfach sein, und es mag Zeiten geben, in denen der Austausch etwas aus dem Gleichgewicht gerät – zum Beispiel in Zeiten von Stress, Krankheit oder Trauma – aber das ist an sich nicht ungesund. Dies an sich ist keine Co-Abhängigkeit. Es ist normal, dass diese Fluktuation im

Laufe der Zeit auftritt. Im Leben ereignen sich Dinge und wir sind nicht immer auf der Höhe unserer Kräfte. Während der Tiefpunkte ist die Abhängigkeit von unserem Partner oder geliebten Menschen völlig natürlich. Lassen Sie uns also über eine wichtige Frage nachdenken: Wann genau überschreitet Verlässlichkeit die Grenze? Wann wird aus der Abhängigkeit eine Co-Abhängigkeit?

## Was es bedeutet, co-abhängig zu sein

In einer co-abhängigen Beziehung finden zwei dysfunktionale Persönlichkeiten im jeweils anderen den ultimativen Zuhelfer. Ein Partner braucht verzweifelt jemanden, der sich um ihn kümmert, und der andere Partner hat das Gefühl, dass sein Selbstwertgefühl darin begründet ist, wie sehr er gebraucht wird. Diese beiden Persönlichkeiten ziehen sich gegenseitig an wie Magnete. Ohne Selbsterkenntnis oder eine hilfreiche dritte Partei kann dies eine ziemlich schädliche Mischung ergeben – eine, die auf lange Sicht definitiv nicht tragfähig ist. Der gefragte Partner übernimmt die Rolle des „Gebenden" oder „Retters", während der bedürftige Partner sich wie ein gestörtes Opfer verhält, dem anderen Partner „etwas wegnimmt" und ein übermäßiges Bedürfnis nach Fürsorge zeigt. Der co-abhängige Geber reagiert auf dieses Bedürfnis nach Fürsorge, indem er übermäßig hilft oder seine Unterstützung übermäßig ausdehnt.

Dies unterscheidet sich von der alltäglichen Verlässlichkeit in einer gewöhnlichen Beziehung, weil die Co-Abhängigkeit ungesundes Verhalten weiter zulässt. Während es völlig normal ist, von seinem Partner zu erwarten, dass er ab und zu den Einkauf macht oder eine

Mahlzeit kocht, wenn man von der Arbeit erschöpft ist, ist es nicht normal, wenn ein Partner ständig die Rolle des Helfers übernimmt. Manchmal kann der Gebende sogar eine elterliche Rolle einnehmen, indem er sich ständig vergewissert, dass es dem Partner gut geht und ihm bei alltäglichen Tätigkeiten hilft, die er eigentlich selbst erledigen können sollte. Der bedürftige Partner kommt damit durch, sehr wenig zu tun, während der gefragte Partner fast alles macht. Beide Fehlfunktionen befeuern sich gegenseitig.

Der Begriff „Co-Abhängigkeit" bezog sich früher ausschließlich auf die toxischen Beziehungen von Süchtigen und ihren Partnern, aber heute hat er sich auf jede Beziehung ausgeweitet, in der selbstzerstörerische Verhaltensweisen zugelassen werden. Eine Co-Abhängigkeit kann jede der folgenden Verhaltensweisen bewirken:

1. **Sucht** nach Substanzen wie Drogen oder Alkohol, Glücksspiel oder anderen zwanghaften Aktivitäten, die finanzielle Belastungen und andere Schäden im persönlichen Leben verursachen.

2. **Schlechte psychische Gesundheit**, insbesondere destruktive Symptome, die durch Persönlichkeitsstörungen oder Depressionen hervorgerufen werden.

3. **Unreife** und andere Formen von Verantwortungslosigkeit, bei denen der Zuhelfer das Gefühl hat, dass er keine andere Wahl hat, als dieses Verhalten zu akzeptieren, weil es keine Möglichkeit gibt, den Partner zu ändern, und er „einfach so ist".

4. **Leistungsschwäche**, die unter Umständen mit einer der oben genannten Verhaltensweisen zusammenhängen kann. Der leistungsschwache

Partner bringt sich finanziell nicht ein oder gibt persönliche Ziele auf, und der Zuhelfer lässt dies weiterhin zu.

## Co-Abhängigkeit: Na und?

Hier ist eine Frage, die ich oft höre: „Was solls, wenn ein Paar co-abhängig ist? Wenn ein Partner in der Helferrolle Erfüllung findet und er zufällig jemanden findet, dem geholfen werden muss, wo liegt dann das Problem? Keiner wird gezwungen, etwas zu tun, was er nicht tun will! Vielleicht sind sie so glücklich."

Ein co-abhängiges Paar kann zwar glücklich erscheinen, aber dieses brüchige Glück beruht ausschließlich auf ihrer Verleugnung. Wenn ein co-abhängiger Partner seinem Partner zu sehr hilft, behindert er die geliebte Person in ihrem emotionalen und psychischen Wachstum. Destruktives Verhalten breitet sich aus. Die Beziehung beginnt wie eine Stütze zu funktionieren, in der der fragile Partner nie lernt, sich um seine eigenen Bedürfnisse zu kümmern. Er spürt nicht mehr die Dringlichkeit, seine eigenen Probleme zu lösen. Stattdessen erwartet er, dass jemand anderes für ihn einspringt. Wenn eine Person wie ein Kind behandelt wird, wird sie entmachtet und die Verbindung zu ihrer eigenen inneren Stärke getrennt. Sie bekommt nicht die Möglichkeit, psychisch zu reifen. Diese bedürftige Haltung wirkt sich nicht nur auf das Liebesleben aus; es ist sogar wahrscheinlich, dass auch das Berufsleben darunter leidet. Schließlich sind Chefs und Mitarbeiter viel weniger verständnisvoll als unsere liebenden Partner!

Und genauso schlimm steht es um co-abhängige Zuhelfer. Sie scheinen vielleicht mehr zu leisten als ihre Partner, aber auch sie werden von der Entfaltung ihres vollen Potenzials abgehalten. Zuhelfer haben das Gefühl, dass ihr Selbstwert darin begründet ist, wie sehr sie gebraucht werden und wie sehr sie helfen können – hierbei handelt es sich um eine extrem ungesunde Art, den eigenen Wert zu bestimmen. Menschen mit dieser Mentalität fällt es schwer, ihre eigenen Bedürfnisse zu erkennen und zu äußern, weil sie ständig denken, dass die Bedürfnisse eines anderen wichtiger sind. Kann jemand wirklich glücklich sein, wenn seine Bedürfnisse nicht erfüllt werden? Viele co-abhängige Paare bleiben langfristig zusammen, aber am Ende sind Zuhelfer oft nachtragend und erschöpft von dem Leben, das sie im Dienste eines anderen gelebt haben, ohne sich um ihr eigenes Selbst zu kümmern.

## Abhängigkeit vs. Co-Abhängigkeit

In einer liebevollen Beziehung besteht die gesunde Erwartung, dass beide Partner aufeinander angewiesen sind. Das ist es, worum es in einer Beziehung geht! Leider denken viele co-abhängige Paare, die ihre dysfunktionalen Verhaltensweisen nicht erkennen, dass sie sich in einer völlig gesunden Abhängigkeit befinden. Wenn Sie sich mit den Mustern der Co-Abhängigkeit nicht gut auskennen, kann es schwierig sein, zwischen den beiden zu unterscheiden. Um Ihnen zu helfen, zwischen Abhängigkeit und Co-Abhängigkeit zu differenzieren, werden wir die beiden Verhaltenstypen vergleichen.

## Beispiel eins

**Abhängig:** Partner A macht eine schwere Zeit durch und Partner B hat Mitleid mit ihm. In einem Versuch, Partner A aufzumuntern, denkt sich Partner B etwas Besonderes aus und hofft, dass es einen positiven Unterschied bewirken wird. B weiß, dass er an der Lage nichts ändern kann, aber er möchte zumindest ein Lächeln in das Gesicht von A zaubern.

**Co-abhängig:** Wenn Partner A eine schwere Zeit durchmacht, hat Partner B das Gefühl, dass er A bei der Lösung des Problems helfen muss. Partner B wird alles tun, was in seiner Macht steht, damit sich sein Partner besser fühlt. Wenn die Versuche nicht zu funktionieren scheinen, wird Partner B anfangen, sich wertlos zu fühlen, als ob er nichts richtig machen könnte. Wenn er das Leiden von Partner A nicht lindern kann, empfindet er sich selbst gegenüber extreme Frustration.

## Beispiel zwei

**Abhängig:** Partner B möchte einen Tag allein in der Natur verbringen, um sich nach einer anstrengenden Arbeitswoche zu entspannen. Er erzählt Partnerin A von seinem Plan und sie ermutigt ihn, alles Notwendige zu tun, um sich um seinen mentalen Zustand zu kümmern. Sie verbringt einen Tag damit, ihre eigenen Hobbys zu genießen, während ihr Partner sich alleine entspannt. Als sie sich am Ende des Tages wiedersehen, fühlen sie sich nach der Zeit für sich erfrischt und freuen sich, einander zu sehen.

**Co-abhängig:** Partner B muss sich alleine entspannen, aber er traut sich nicht, Partnerin A zu fragen, weil sie es vielleicht falsch auffasst. Als er Partnerin A schließlich fragt, ob sie einen Tag getrennt verbringen können, sieht sie traurig aus, erlaubt ihm aber widerwillig, zu gehen. Während sie voneinander getrennt sind, sind sie ängstlich. Partner B beginnt sich schuldig zu fühlen, weil er Partner A allein gelassen hat, und er denkt sich, dass es eine schlechte Idee war. Als sie sich am Ende des Tages wiedersehen, ist Partnerin A mürrisch und versucht, Partner B ein schlechtes Gewissen einzureden, weil er gegangen ist. Partner B fühlt sich schlecht und hat das Gefühl, dass er es wiedergutmachen muss.

**Beispiel drei**

**Abhängig:** Beide Partner äußern, was sie brauchen, um sich in der Beziehung wertgeschätzt und umsorgt zu fühlen. Jeder teilt seine Gedanken und Gefühle mit, während der andere genau zuhört und darüber nachdenkt, wie er die Bedürfnisse des Partners am besten erfüllen kann.

**Co-abhängig:** Partnerin A äußert ihre Bedürfnisse, während Partner B genau zuhört und versucht zu helfen. Partnerin A wird als Person mit dringenderen Bedürfnissen angesehen, da ihr emotionaler Zustand fragiler ist. Partner B bringt vielleicht seine Bedenken vor, aber sie werden beiseitegeschoben, da er glaubt, dass die fragile Partnerin A wichtigere Bedürfnisse hat. Partnerin A stimmt im Stillen zu, dass ihre Bedürfnisse wichtiger sind.

Es kann für Menschen außerordentlich schwierig sein, sich eine Co-Abhängigkeit einzugestehen. Tatsache ist, dass co-abhängige Partner im Grunde oft reine Absichten haben; sie wollen einfach ihrem Partner helfen und sein

Leiden lindern. Dennoch sind die Ergebnisse nicht weniger kontraproduktiv. In den meisten Fällen schadet diese Verhaltensweise beiden beteiligten Partnern mehr als sie ihnen nützt. Wenn Sie glauben, dass Sie sich in einer co-abhängigen Beziehung befinden könnten, ist es wichtig, dass Sie dies so schnell wie möglich erkennen.

## Anzeichen dafür, dass Sie der Zuhelfer in einer co-abhängigen Beziehung sind

Der Versorger oder „Geber" in einer co-abhängigen Beziehung wird auch als „Zuhelfer" bezeichnet. Das liegt daran, dass er durch übermäßige Fürsorge das selbstzerstörerische Verhalten seines Partners ermöglicht. Wenn Sie drei oder mehr der folgenden Kästchen ankreuzen, dann sind Sie höchstwahrscheinlich der Zuhelfer in Ihrer Beziehung.

### 1 Sie geben ständig nach

Wenn Ihr Partner etwas braucht oder will, ertappen Sie sich immer wieder dabei, dass Sie nachgeben und tun, wonach er verlangt. Manchmal fühlt es sich unvernünftig an und Sie nehmen es ihm vielleicht sogar übel – aber Sie geben trotzdem nach. Am Ende blenden Sie Ihre Gefühle aus, um sich um Ihren Partner zu kümmern oder den Frieden zu wahren.

### 2 Sie übernehmen die Verantwortung für die Handlungen Ihres Partners

Wenn ein bedürftiger Partner etwas falsch macht oder ein negatives Verhalten an den Tag legt, kann es sein, dass ein Co-Abhängiger die Verantwortung dafür übernimmt. Anstatt den Partner als den alleinigen Schuldigen zu sehen, wird er glauben, dass er das Verhalten beeinflusst hat. Co-abhängige Geber entschuldigen ihre Partner ständig und geben sich vielleicht sogar selbst die Schuld für deren Verhalten.

## 3 Sie führen einfache Aufgaben aus, die Ihr Partner selbst erledigen sollte

Es ist normal, dass wir uns um unsere Partner kümmern, aber wie oft werden Sie aufgefordert, bei einfachen Aufgaben zu helfen, die jeder andere Erwachsene gut bewältigen kann? Sind Sie die Person, die sich um das Essen Ihres Partners kümmern muss? Müssen Sie ihn ständig wecken, damit er nicht zu spät zu Terminen kommt? Müssen Sie am Ende die Aufgaben erledigen, die er eigentlich ausführen sollte?

## 4 Sie versuchen immer, alles in Ordnung zu bringen

Sie können es einfach nicht lassen. Egal, was passiert, Sie versuchen immer, Bedürfnisse zu erfüllen, die vielleicht gar nicht existieren. Wenn es Ihrem Partner nicht gut geht, haben Sie das Gefühl, dass es Ihre Aufgabe ist, dafür zu sorgen, dass er sich besser fühlt. Vielleicht ertappen Sie sich dabei, dass Sie seine Bedürfnisse vorwegnehmen und möglicherweise sogar versuchen, etwas wiedergutzumachen, was gar nicht wiedergutgemacht werden muss. In jedem Fall sind Sie immer da, wenn Ihr Partner etwas braucht, und tun alles, was in Ihrer Macht steht, damit es ihm besser geht, auch wenn er selbst nichts tut, um sich zu helfen.

## 5  Sie müssen häufig um die Zustimmung Ihres Partners bitten

Aus dem einen oder anderen Grund haben Sie nicht das Gefühl, dass Sie tun können, was Sie wollen. Wenn Sie eine Entscheidung für sich selbst treffen oder sich eine Auszeit gönnen wollen, haben Sie das Gefühl, dass Sie überprüfen müssen, ob Ihr Partner damit einverstanden ist. Der Grund für dieses Verhalten ist wahrscheinlich, dass Sie glauben, Ihr Partner könnte Sie brauchen, und die Vorstellung, dass er allein ist, macht Ihnen ein schlechtes Gewissen. Indem Sie die Zustimmung Ihres Partners einholen, wird dieses Schuldgefühl beseitigt.

## 6  Sie sehen Ihren Partner als hilflos an

Seien Sie hier ehrlich zu sich selbst. Stellen Sie sich vor, Ihr Partner wäre eine ganze Woche lang auf sich allein gestellt. Vielleicht gehen Sie auf eine wichtige Reise an einen Ort mit minimalem Telefonempfang. Ihr Partner muss alles alleine machen und auf sich selbst aufpassen, ganz ohne Hilfe von außen. Wie besorgt macht Sie dieser Gedanke? Vertrauen Sie darauf, dass Ihr Partner in der Lage sein wird, sich um sich selbst zu kümmern und ohne Sie zu funktionieren? Wird er in der Lage sein, sich von seinen schlechten Angewohnheiten fernzuhalten, gut zu essen und zu schlafen und pünktlich zu wichtigen Terminen zu erscheinen? Wenn Sie eine dieser Fragen mit Nein beantwortet haben, geben Sie es sich selbst gegenüber zu: Sie glauben, dass Ihr Partner hilflos ist.

## 7 Wenn Sie sich nicht um Ihren geliebten Menschen kümmern, fühlen Sie sich wie ein schlechter Partner

Letzten Endes geben Sie weiter nach und helfen auch künftig, weil Sie sich bei jeder anderen Vorstellung schuldig fühlen. Sie machen sich Sorgen, dass das Setzen von Grenzen die Situation für Ihren Partner noch schlimmer machen würde. Sie haben das Gefühl, dass Ihr Partner Sie wirklich braucht und der Gedanke, ihm bei alltäglichen Erledigungen nicht zu helfen, fühlt sich an, als würden Sie ihn im Stich lassen. Sie sind es gewohnt, Hilfe zu leisten, und wenn Sie es nicht tun, haben Sie das Gefühl, etwas Schreckliches getan zu haben.

## Verdrängen Sie die Wahrheit?

Eines der größten Hindernisse in co-abhängigen Beziehungen ist die Verleugnung. Sie ist ein Kernsymptom der Co-Abhängigkeit. Selbst wenn Sie den Rat eines Experten vor sich haben, wird Ihnen nichts helfen, wenn Sie nicht zugeben können, dass etwas nicht stimmt. Einer der Gründe dafür, dass Co-Abhängigkeit fortbesteht, findet sich darin, dass beide Partner den ungesunden Kreislauf verleugnen. Bevor die Störungen behandelt werden können, ist es wichtig, dass beide Partner aufhören, ihre schlechten Angewohnheiten oder die Schwere der Auswirkungen dieser zu verleugnen. Hier sind die Anzeichen dafür, dass Sie die Wahrheit verdrängen:

## 1  Sie weisen Ihre eigenen Gefühle und Instinkte zurück

Es ist schon mal passiert. Sie haben gespürt, wie etwas an Ihrem Verstand nagt und sagt: „Es sollte nicht so sein" oder „Das fühlt sich nicht ganz richtig an." Anstatt tiefer in die Materie einzutauchen, entscheiden Sie sich immer, dieses Gefühl beiseitezuschieben. Sie sagen sich, dass es nicht wichtig ist oder dass das Gefühl einfach nur albern ist, auch wenn Sie sich nicht zum ersten Mal so fühlen. Wenn Sie sich oft dabei ertappen, dass Sie Ihre Instinkte, Gedanken oder Gefühle abtun müssen, dann ist die Wahrscheinlichkeit groß, dass Sie die Wahrheit verdrängen. Wenn ein Gefühl immer wieder auftaucht, ist es wahrscheinlich, dass Ihre Intuition richtig liegt.

## 2  Sie warten nur auf Veränderung

Vielleicht haben Sie sich selbst eingestanden, dass es eine Veränderung geben muss. Was passiert nach diesem Eingeständnis? Ergreifen Sie und Ihr Partner sofort Maßnahmen, um die Situation zu verbessern? Oder lehnen Sie sich einfach zurück und sagen sich, dass es sich mit der Zeit von allein ändern wird? Sich auf äußere Einflüsse oder andere Menschen zu verlassen, um eine Veränderung herbeizuführen, ist ein weiteres Anzeichen dafür, dass Sie die Wahrheit verleugnen, vor allem, wenn Sie schon seit längerer Zeit „warten". Das zeigt, dass Sie Ihre Macht, Veränderungen herbeizuführen, aufgegeben haben. Anstatt selbst Fortschritte zu machen, warten Sie darauf, dass diese vom Himmel fallen. Menschen, die dies tun, neigen dazu, die Schwere ihrer Situation nicht wahrhaben zu wollen.

### 3  Jeder sieht ein Problem, das Sie nicht sehen

Gibt es Menschen in Ihrem Leben, die darauf bestehen, dass Ihre Beziehung zutiefst mangelhaft ist? Je mehr Menschen dies zu Ihnen gesagt haben, desto höher ist die Wahrscheinlichkeit, dass sie recht haben. Wenn Sie dieses Problem nicht sehen können, leugnen Sie wahrscheinlich seine Existenz. Wenn wir uns in einem dysfunktionalen Muster verstrickt haben, kann es manchmal schwierig sein, dieses zu erkennen. Menschen, die außerhalb Ihrer Beziehung stehen, können jedoch das große Ganze sehen. Und die Menschen, die Ihnen nahestehen, kennen Sie am besten und wissen, was das Beste für Sie ist. Wenn Sie sich ständig dabei ertappen, wie Sie Ihre Beziehung gegenüber engen Freunden und Verwandten verteidigen, besteht die Möglichkeit, dass Sie deren Worte nicht wahrhaben wollen.

Verleugnung schützt uns vor einer harten Wahrheit. Indem wir so tun, als würden wir etwas nicht bemerken, glauben wir, dass wir es wegleugnen können. Nichts könnte der Wahrheit ferner liegen und in der Tat kann Verleugnung mehr Schaden als Gutes verursachen. Wenn Sie Ihre Beziehung weiterhin kitten wollen, ersticken Sie Ihre Verleugnung jetzt im Keim. Veränderung kommt nur, wenn Sie sich der Realität stellen.

# Kapitel zwei:
# Co-abhängige
# Persönlichkeiten
# verstehen

W as viele Menschen nicht erkennen, ist, dass es zwei abhängige Persönlichkeiten braucht, um eine co-abhängige Beziehung zu schaffen. Diese Persönlichkeiten sind unterschiedlich, aber beide gleichermaßen problematisch. Außenstehende neigen dazu, derjenigen Person die Schuld zu geben, die am bedürftigsten ist, aber Tatsache ist, dass nicht nur eine Person die Schuld trifft. Beide Persönlichkeiten tragen ihre eigenen dysfunktionalen Züge in sich, sie manifestieren sich nur auf sehr unterschiedliche Weise. Wenn sie aufeinandertreffen, werden die schlimmsten Instinkte dieser Persönlichkeiten freigesetzt. Das ungesunde Verhalten des einen Partners ist genau das, was die andere Person braucht, um ihrem eigenen ungesunden Verhalten zu frönen. So beginnt der Kreislauf der Co-Abhängigkeit und deshalb ist es auch oft schwierig, ihn zu beenden.

Um eine gesündere Interaktion zu schaffen, ist es wichtig, dass Paare über ihr eigenes Selbst nachdenken. Inzwischen sollte klar sein, welche der beiden unterschiedlichen Rollen jede Person in der Beziehung spielt. Diese Identifikation ist der erste Schritt. Wenn sich beide Parteien darüber im Klaren sind, welche Rolle sie in der Interaktion spielen, kann endlich ein größeres Verständnis dafür entstehen, was jeder Einzelne tun kann, um das Problem zu kitten. Es ist wichtig, dass beide Persönlichkeiten mit gleicher Wichtigkeit betrachtet werden. Um Fortschritte zu machen, sollten sie gleichermaßen studiert und verstanden werden. Es liegt an Ihnen, den Anfang zu machen.

## Den Zuhelfer verstehen

Irgendwann in der Kindheit des Zuhelfers wurde ihm weisgemacht, dass seine Bedürfnisse immer zweitrangig sind. In frühen Studien zur Co-Abhängigkeit glaubte man, dass die Neigung zum Zuhelfer vom Aufwachsen mit einem alkoholkranken Elternteil herrührt, aber heute sind sich die Experten einig, dass es dafür viele Ursachen geben kann. Ob er Alkoholiker ist oder nicht, diese Probleme sind normalerweise das Ergebnis eines bedürftigen oder anderweitig nicht verfügbaren Elternteils. Es ist zwar möglich, dass der Zuhelfer emotionalem oder körperlichem Missbrauch ausgesetzt war, aber das ist nicht immer der Fall. Oft sind sie einfach inmitten einer hochgradig dysfunktionalen Familiendynamik aufgewachsen, und das kann ein mögliches körperlich oder geistig krankes Familienmitglied mit einschließen. Diese Co-Abhängigen haben keine angemessene emotionale Zuwendung erhalten, sodass sie sich daran gewöhnt haben, dass ihre Bedürfnisse nicht erfüllt werden. Die meisten Kinder wachsen mit viel positiver Bestätigung auf; ein Zuhelfer hingegen hat wahrscheinlich gar nicht viel Bestätigung erhalten. Das Ergebnis ist eine Person, die sich grundsätzlich nicht sehr wichtig fühlt. Stattdessen hat sie gelernt, Bestätigung stellvertretend durch jemand anderen zu finden.

Im Falle eines hilfsbedürftigen oder kranken Familienmitglieds hatte der Zuhelfer vielleicht einige Betreuungsaufgaben und fühlt sich dadurch später im Leben wohler bei dem Gedanken, eine Betreuungsrolle zu übernehmen. Was auch immer seine Kindheitsgeschichte ist, eines ist absolut sicher: Dem Co-Abhängigen wurde beigebracht, dass sein Wert und sein Ansehen direkt damit zusammenhängen, wie sehr er anderen gefällt und wie gut er sich um andere Menschen kümmern kann. Dieser fälschliche Glaube ist genau das, was bei diesem Persönlichkeitstypus zur Dysfunktion führt. In dem Bemühen, sich würdig und gut zu fühlen, wird er nach Situationen suchen, in denen er irgendeine Form von Hilfe anbieten kann. Die am tiefsten verletzten Zuhelfer haben vielleicht sogar das Gefühl, dass die Belohnung umso größer ist, je hoffnungsloser der Fall ist. Das kann sie in katastrophale Beziehungen führen, die ein schweres Trauma verursachen und die Dysfunktion nur verschlimmern. Dennoch versuchen viele dieser zutiefst verletzten Zuhelfer, weiterhin zu helfen und zu dienen, weil sie glauben, dass das Problem bei ihnen und nicht bei ihrem Partner liegt. Es ist ein Teufelskreis, der erst endet, wenn die Selbsterkenntnis erfolgt.

Es ist wichtig, zu beachten, dass manche Zuhelfer aus tiefen Verlustängsten heraus handeln. Das bedeutet konkret, dass sie das Gefühl haben, alles tun zu müssen, um ihren Partner glücklich zu machen, da sie ihn sonst verlieren werden. „Verlust" bedeutet hier nicht unbedingt eine Trennung. Wenn der Zuhelfer den Tod eines kranken Elternteils miterlebt hat, kann es sein, dass er seinem kranken Partner übermäßig hilft, angetrieben von der unbewussten Angst, dass er die gleiche Erfahrung noch einmal machen wird.

Wenn Sie ein Zuhelfer sind, der Genesung sucht, ist es wichtig, dass Sie herausfinden, woher dieses Bedürfnis, zu viel zu helfen, stammt. An welchem Punkt in Ihrem Leben wurde Ihnen beigebracht, dass Ihre Bedürfnisse weniger wichtig sind? Wer war die Person, deren Bedürfnisse Vorrang vor Ihren eigenen hatten? Sobald Sie dieses wesentliche Detail identifiziert haben, können Sie beginnen, diesen Vorfall als getrennt von Ihrer aktuellen Beziehung zu begreifen.

## Den zugeholfenen Partner verstehen

Bei der Untersuchung von co-abhängigen Beziehungen kann die Person, der zugeholfen wird, viel schwieriger zu entschlüsseln sein. Warum? Nun, während alle Zuhelfer ähnliche Ziele und Absichten verfolgen, können ihre zugeholfenen Partner völlig unterschiedliche Motive und Ursachen haben. Viele wurden als Kinder verhätschelt oder verwöhnt, sodass sie anfingen, die gleiche Behandlung von anderen Menschen in ihrer Umgebung zu erwarten. Aber auch die Kehrseite ist möglich – sie könnten als Kinder vernachlässigt worden sein, was sie dazu veranlasst hat, sich aufmerksamkeitssuchenden Verhaltensweisen zuzuwenden. Wenn sie als Kinder verhätschelt wurden, ist es möglich, dass sie die tatsächliche Situation nicht erkennen. Sie denken vielleicht, dass es völlig normal ist, von vorne bis hinten bedient zu werden, weil sie ihr ganzes Leben lang so behandelt worden sind.

Viele zugeholfene Personen leiden an einer Sucht, einem körperlichen Leiden oder einer psychischen Störung. Anstatt Schritte für eine Genesung zu unternehmen, werden sie viel zu bequem oder beginnen sogar, es zu genießen, dass man sich um sie kümmern muss. Aufgrund der Neigung des Zuhelfers, übermäßig zu unterstützen, wird von ihnen nie verlangt, sich selbst zu helfen. So kann zum Beispiel eine Person, die an einem körperlichen Gebrechen leidet, sich weigern, aufzustehen und Dinge selbst zu holen, selbst wenn sie dazu durchaus in der Lage wäre. Oder derjenige fängt an, von anderen zu erwarten, dass sie für ihn kochen, obwohl er die Kraft und die Ressourcen hätte, dies selbst zu tun. Oder er lässt sich für längere Zeit von der Arbeit beurlauben und behauptet, er fühle sich zu krank oder unwohl, auch wenn alle Anzeichen darauf hindeuten, dass es ihm gut geht.

Da die Familienverhältnisse dieser Personen sehr unterschiedlich sein können, ist es wichtig, ihre Kindheit zu untersuchen. Schauen Sie sich die Beziehung zu ihren primären Bezugspersonen an. Wurden sie in irgendeiner Weise verwöhnt oder wurden sie regelrecht vernachlässigt? Hier sind einige Fallbeispiele, die Ihnen helfen, den familiären Hintergrund des zugeholfenen Partners besser zu verstehen.

## Fallstudien

Um die Privatsphäre der beteiligten Personen zu schützen, wurden keine echten Namen verwendet.

- Marie erinnert sich, dass sie sich in ihrer Kindheit vernachlässigt fühlte. Ihr kleiner Bruder litt an einer Unzahl von gesundheitlichen Problemen, sobald er aus dem Krankenhaus nach Hause kam. Natürlich bekam er mehr Aufmerksamkeit von ihren Eltern. Sie erinnert sich, dass sie tagelang mit ihrem

Kindermädchen allein war, während ihre Eltern im Krankenhaus bei ihrem kranken Bruder blieben. Schließlich ging es ihrem Bruder besser, aber das Verhältnis war immer das gleiche, er bekam viel mehr Aufmerksamkeit als sie. Sie gibt zu, dass sie als Teenager die Symptome einer Krankheit übertrieben hat, um mehr Aufmerksamkeit von ihren Eltern zu bekommen. Dieser Plan ging auf. Plötzlich begannen ihre Eltern, ihr die gleiche Aufmerksamkeit zu schenken, die früher nur ihrem Bruder zukam. Aus Angst, wieder „ignoriert" zu werden, verhielt sie sich weiterhin hilflos und krank, weil sie lernte, dass sie so andere am besten dazu bringen konnte, sich um sie zu kümmern. Schließlich ging Marie eine co-abhängige Beziehung ein. Ihr Partner unternahm jede Anstrengung, um ihr zu helfen, weil er glaubte, sie sei sehr krank und nicht in der Lage, für sich selbst zu sorgen. Um diese Co-Abhängigkeit zu durchbrechen, musste Marie lernen, dass es andere, erfüllendere Wege gibt, Zuneigung von Menschen zu erhalten.

- Solange Jan sich erinnern kann, wurde ihm immer gegeben, was er wollte. Er kam aus einer extrem privilegierten Familie und musste nie einen Finger rühren, um etwas zu erreichen. Er erkannte nicht einmal, in was für einer privilegierten Position er sich befand; er hielt es einfach für völlig normal. Wenn er etwas brauchte, war immer ein Helfer zur Stelle, seine Eltern bezahlten für die Lösung eines jeden Problems. Zu diesem Privileg kam noch hinzu, dass er ein Einzelkind war, das sich mit niemandem um die Aufmerksamkeit streiten musste. Vor allem seine Mutter verhätschelte ihn und er genoss dies. Schließlich geriet er in eine co-abhängige Beziehung zu einer Person, die damit aufgewachsen war, ihren alkoholkranken Vater zu pflegen. Natürlich wurde sie Jans Zuhelfer. Sie erlaubte ihm, die Beine hochzulegen, und sorgte für die Erfüllung jedes seiner Bedürfnisse, während er sich mit dem Geld der Familie um finanzielle Verpflichtungen kümmerte, aber sonst nichts. Als sie schließlich Kinder bekamen, war Jans Partnerin erschöpft und überfordert. Er half ihr nie bei irgendetwas, erwartete jedoch immer noch, dass sie ihm half. Da Jan sehr daran gewöhnt war, einen weiblichen Zuhelfer in seinem Leben zu haben, war es schwierig für ihn, zu erkennen, dass er sich in einer tiefsitzenden Co-Abhängigkeit befand.

Wie wir gesehen haben, können zugeholfene Partner auf ganz unterschiedliche Weise erzogen werden. Doch eins haben sie immer gemeinsam: Ihnen wird beigebracht, Zuneigung und Liebe damit gleichzusetzen, als hilflos behandelt zu werden. Marie lernte, dass der einzige Weg, Aufmerksamkeit von ihren Eltern zu bekommen, darin bestand, krank zu sein. Jan glaubte, dass übermäßiges Helfen und Verhätscheln *Liebe* sei, weil seine Eltern, besonders seine Mutter, ihn so behandelten. Irgendwann verwischten dann die Grenzen zwischen ihnen und ihrer Hauptbezugsperson.

Um dem zugeholfenen Partner in Ihrer Beziehung zu helfen, versuchen Sie, herauszufinden, woher diese Gefühle in seiner Kindheit stammen. Ist Ihr Partner eher eine Marie oder eher ein Jan?

# Die narzisstische und die Borderline-Persönlichkeitsstörung

Bei der narzisstischen und der Borderline-Persönlichkeitsstörung sind in der Regel emotionaler und psychischer Missbrauch am Werk. Personen mit diesen Persönlichkeitsstörungen befinden sich immer in der Position desjenigen, dem zugeholfen wird, nie in der des Zuhelfers. Die Co-Abhängigkeit wird unendlich viel schädlicher, wenn diese Persönlichkeiten beteiligt sind. Narzissten fühlen sich berechtigt dazu, einen gehorsamen Partner zu haben. Sie genießen es vielleicht sogar, den Zuhelfer dabei zu beobachten, wie er sich ein Bein ausreißt und versucht, alles zu tun, um jede ihrer Launen zu erfüllen. In der Tat ist ein Zuhelfer der perfekte Partner für einen Narzissten. Der Narzisst möchte sich besonders fühlen; so, als ob sich die ganze Welt um ihn dreht, und genau das signalisiert ihm der Zuhelfer. Der Zuhelfer eines Narzissten wird oft als „Co-Narzisst" bezeichnet.

Borderline-Persönlichkeiten können für den Zuhelfer gleichermaßen schädlich sein; sie neigen dazu, sich verraten und verlassen zu fühlen. In der Borderline-Persönlichkeit sieht der Zuhelfer ein Opfer, das er endlich retten kann. Die Borderline-Persönlichkeit wünscht sich einen Helden oder Retter und es ist für den Zuhelfer ganz natürlich, diese Rolle einzunehmen. Leider erkennt der Zuhelfer nicht, dass dies ein Teil des destruktiven Musters der Borderline-Persönlichkeit ist. Er wird nie wirklich der Held in der Geschichte sein, denn die Borderline-

Persönlichkeit wird sich immer wegen irgendetwas verraten und verlassen fühlen. Die emotionale Instabilität, die dieser Persönlichkeitsstörung innewohnt, bewirkt, dass der Zuhelfer in seinem Rettungsversuch niemals Erfolg haben wird. Die Borderline-Persönlichkeit kämpft mit Angelegenheiten, die zu lösen ausschließlich ihr eigenes Problem ist – der Zuhelfer muss dies so bald wie möglich erkennen.

Für jemanden mit einer Persönlichkeitsstörung ist es viel schwieriger, sich zu ändern. Wenn diese Partner sich nicht ihrer selbst bewusst sind und sich nicht zur Selbstveränderung verpflichten, besteht eine hohe Wahrscheinlichkeit, dass sie weiterhin in ihrem üblichen Muster verbleiben. Und bei einer narzisstischen oder einer Borderline-Persönlichkeit kann dieses Muster äußerst destruktiv sein. Wenn Sie einem dieser Persönlichkeitstypen zuhelfen, sollten Sie Ihre Beteiligung an der Beziehung überdenken oder in eine Paartherapie investieren.

## Die abhängige Persönlichkeitsstörung

Die häufigste Persönlichkeitsstörung, die in co-abhängigen Beziehungen zu finden ist, ist – Sie haben es erraten – die abhängige Persönlichkeitsstörung. Menschen mit dieser Persönlichkeitsstörung können entweder in die Position des Zuhelfers oder des Zugeholfenen geraten. Abhängige Persönlichkeiten neigen dazu, Angst und Furcht zu empfinden, wenn sie allein sind. Natürlich wenden sie sich an andere Menschen, um alle ihre emotionalen und psychischen Bedürfnisse zu erfüllen. Ohne Anerkennung,

Bestätigung oder Hilfe von anderen Menschen fühlen sich Abhängige wie ein Fisch auf dem Trockenen.

In ihrer schwersten Ausprägung kann es für abhängige Persönlichkeiten schwierig sein, im täglichen Leben ohne die Anwesenheit einer anderen Person zu funktionieren. Dies kann dazu führen, dass sie sich vor Verantwortung drücken und völlig passiv werden. Wenn sie auf sich allein gestellt sind, können sie sich extrem hilflos fühlen. Wie zu erwarten, verkraften abhängige Persönlichkeiten Trennungen schwerer als der Durchschnitt. Sie können sich völlig am Boden zerstört fühlen, bis sie jemanden finden, der den Platz ihres Ex-Partners einnimmt. Wenn ein Zuhelfer an dieser Störung leidet, kann er in einer Beziehung extrem kompetent sein, aber wenn er ganz allein ist, hat er das Gefühl, dass es „alles keinen Sinn" hat.

Diese Störung betrifft nicht nur den romantischen Bereich im Leben des Abhängigen. Vielmehr wird jeder, der die Person kennt, ihre Abhängigkeit erleben. Freunde, Familie und vielleicht sogar Arbeitskollegen und Chefs bekommen diese Seite des Abhängigen zu sehen.

## Fünf Typen von abhängigen Persönlichkeiten

Dem bekannten Psychologen Theodore Millon ist es zu verdanken, dass die fünf verschiedenen Typen von abhängigen Persönlichkeiten bei Erwachsenen identifiziert wurden. Während alle Abhängigen Züge haben, die sich ähneln, zeigt jeder Typus auch seine eigenen einzigartigen Verhaltensweisen und Strategien, um zu bekommen, was er will. Wenn Sie glauben, dass entweder Sie oder Ihr Partner eine abhängige Persönlichkeitsstörung haben, versuchen Sie herauszufinden, welcher Typus sie sind. Es ist möglich, Symptome zu haben, die zu mehreren verschiedenen Typen gehören, aber es gibt normalerweise nur einen, der dominiert.

## 1 Der unruhige Abhängige

Der unruhige Subtypus ist von Angst und Unruhe geplagt. Er fürchtet, von den Menschen um sich herum verlassen zu werden und fühlt sich sehr einsam, wenn er nicht mit einer unterstützenden Person zusammen ist. Gefühle der Unzulänglichkeit machen sich breit und er ist oft sehr empfindlich gegenüber Zurückweisung.

## 2 Der unreife Abhängige

Abhängige, die unter diesen Subtypus fallen, neigen dazu, sich kindisch zu verhalten, vor allem angesichts ihrer alltäglichen Verpflichtungen. Obwohl sie erwachsen sind, fällt es ihnen schwer, mit den typischen Erwartungen an Erwachsene umzugehen. Der unreife Typus braucht ein erhebliches Maß an „Babysitting", da er naiv sein kann und es ihm an allgemeinen Lebenskompetenzen mangelt.

## 3 Der entgegenkommende Abhängige

Dieser Typus zeichnet sich durch extreme Güte aus und neigt, wie der Name schon sagt, dazu, übermäßig entgegenkommend zu sein. Personen mit dieser Art von abhängiger Persönlichkeit streben danach, anderen zu gefallen, und wirken unglaublich umgänglich. Natürlich nehmen sie eine unterwürfige Rolle ein und weisen alle unangenehmen Gefühle zurück. Diese Persönlichkeiten können sehr liebenswürdig und freundlich zu allen Menschen in ihrer Umgebung sein.

## 4 Der selbstlose Abhängige

Der selbstlose Subtypus weist viele Ähnlichkeiten mit dem entgegenkommenden Subtypus auf, aber es besteht eine stärkere Neigung, die eigene Identität aufzugeben und mit der einer anderen Person zu verschmelzen. Wenn darauf nicht geachtet wird, wird der Abhängige von einer anderen Person absorbiert und lebt als eine bloße Erweiterung dieser. Von allen Typen erscheinen diese Abhängigen am ehesten so, als hätten sie keine eigene Persönlichkeit.

## 5 Der halbherzige Abhängige

Wie der unreife Abhängige kommen auch die halbherzigen Abhängigen nicht gut mit Schwierigkeiten und Verantwortlichkeiten zurecht. Sie gehen jedoch noch einen Schritt weiter und weigern sich, sich überhaupt mit irgendetwas zu befassen, das unangenehm sein könnte. Ein Betreuer ist für sie unerlässlich, um im Leben zu funktionieren. Sie sind anfällig für Müdigkeit und Lethargie. Sie sind unproduktiv und die meiste Zeit über höchst inkompetent. Gelegentlich können halbherzige Abhängige sogar damit Schwierigkeiten haben, Gefühle der Empathie zu empfinden, und werden stattdessen von einer allgemeinen Apathie gegenüber ihrem Leben, einschließlich all seiner Unzulänglichkeiten, überwältigt.

Unabhängig vom Subtypus können alle Menschen, die an einer abhängigen Persönlichkeitsstörung leiden, mit Therapie und engagierter Arbeit an sich selbst wieder gesund werden. In der Tat finden viele abhängige Persönlichkeiten nach ausreichender Behandlung ein gesundes Maß an Unabhängigkeit. Wenn Sie das Gefühl haben, dass Ihre Co-Abhängigkeit mit dieser Störung zusammenhängt, sei Ihnen versichert, dass dieser Zustand nicht Ihr Leben bestimmen muss.

## Die gemeinsamen Wunden der beiden Persönlichkeiten

Alle abhängigen Persönlichkeiten können unterschiedliche Verhaltensweisen zeigen, aber zum größten Teil wurzeln sie in ähnlichen psychischen Verwundungen. Mit Ausnahme einiger narzisstischer und Borderline-Persönlichkeitstypen haben abhängige Personen ein geringes Selbstwertgefühl und weisen starke Unsicherheiten auf. Letztendlich haben beide Partner das Gefühl, dass sie den anderen dringend brauchen, um sich vollständig zu fühlen. Der einzige Unterschied ist, dass es jeweils unterschiedliche Verhaltensweisen braucht, um dieses Gefühl der Vollständigkeit zu erreichen – ein Gefühl, das nie lange anhält, weil es immer an jemand anderem liegt, dieses Bedürfnis zu erfüllen.

Von Natur aus haben abhängige Persönlichkeiten Schwierigkeiten, ihre eigene Identität zu bilden und sich von anderen zu unterscheiden. Sie wissen nicht, wer sie wirklich sind und haben ein geringes Selbstwertgefühl. Wenn sie nach ihren Kernstärken gefragt werden, wissen viele nicht, was sie sagen sollen, es sei denn, sie erhalten dazu Feedback von jemand anderem. Ihr fehlerhaftes und unvollständiges Verständnis ihrer eigenen Identität ist genau der Grund, warum sie sich schnell an andere Menschen klammern. Sie sehen diese andere Person als eine Art Spiegelbild. Jede Unsicherheit, die sie in ihrem Inneren verspüren, wird dadurch gelöst, dass sie zu dieser anderen Person aufschauen und mit ihr verschmelzen.

Um die Neigung des Abhängigen, sich an eine andere Person zu binden, zu beseitigen, muss er ein gewisses Maß an Unabhängigkeit lernen. Er muss die Welt ohne Stütze erleben, um auf eigenen Füßen zu stehen. Seine Familie, Freunde und Partner müssen lernen, ihm gesunde Grenzen zu setzen und ihm ein gesundes Maß an Unterstützung zu geben. Ohne Herausforderungen kann er sich nicht weiterentwickeln und zu seiner eigenen Stärke kommen. Co-Abhängigkeit ist eine schnelle und einfache Methode, um eine tiefe Wunde zu lindern, aber es ist niemals eine langfristige oder dauerhafte Lösung.

## Den ängstlichen Bindungsstil verstehen

Wenn es darum geht, die eigene Herangehensweise an Beziehungen zu verstehen, können Bindungsstile eine Menge Licht darauf werfen, warum sich bestimmte Menschen so verhalten, wie sie es tun. Ganz einfach: Unser Bindungsstil zeigt uns, wie wir vorgehen und welche Strategien wir anwenden, um unsere Bedürfnisse und Wünsche zu erfüllen. Unsere unterschiedlichen Herangehensweisen werden durch unsere Kindheit bestimmt, insbesondere durch die Beziehung zu unserer Hauptbezugsperson. Wenn Sie einen emotional nicht verfügbaren Elternteil hatten oder einen, der Sie auf irgendeine Weise im Stich gelassen hat, wird dies Ihr Verhalten in allen zukünftigen Beziehungen beein-flussen.

Der ängstliche Bindungsstil ist einer von drei dominanten Stilen und derjenige, der am häufigsten bei co-abhängigen Personen zu finden ist. Der ängstliche Typus entsteht, wenn ein Individuum in der Entwicklungsphase seines Lebens ein Trauma erlebt. Aus dem einen oder anderen Grund wurde sein „sicherer Ort" aufgedeckt oder zerstört. Das Gefühl der körperlichen oder emotionalen Sicherheit wurde in erheblichem Maße beeinträchtigt und dies kann zu einem lebensverändernden Vertrauensbruch geführt haben. Bei diesem traumatischen Ereignis handelte es sich wahrscheinlich um Verlassenwerden, Gewalt, emotionalen Missbrauch oder andere Formen von Trauma.

Wie der Name schon andeutet, hat der ängstliche Typus in Bezug auf Beziehungen und Intimität ein tiefes Gefühl der Angst entwickelt. Egal, ob er es zeigt – es besteht eine extreme Wachsamkeit gegenüber den Anzeichen des Verlassenwerdens, die durch eine intensive Angst, auf irgendeine Weise zurückgelassen zu werden, genährt wird. Diese Typen sehnen sich nach Intimität und träumen vielleicht sogar vom „perfekten Partner", während sie Single sind. In Beziehungen können sie in Zeiten tiefer Unsicherheit zu Mitteln wie Manipulation oder Spielchen greifen. Sie neigen eher zu Pessimismus und gehen immer vom Schlimmsten aus, besonders in Bezug auf ihre engen Beziehungen.

Der ängstliche Typus wird am ehesten in einer co-abhängigen Beziehung landen, weil er dazu neigt, die Bedürfnisse des Partners über seine eigenen zu stellen. Da verlassen zu werden als das schlimmstmögliche Ergebnis angesehen wird, strebt er natürlich nach dem entgegengesetzten Extrem. In den Augen des ängstlichen Typus ist die Co-Abhängigkeit ein Zeichen von tiefer Liebe und unvergleichlicher Intimität. Die Vorstellung, weniger als das zu haben, macht ihnen Angst. Die Co-Abhängigkeit gibt ihnen das Gefühl, dass sie alles, was in der Beziehung passiert, „im Blick" haben. Dies ist ein Bewältigungsmechanismus für ihre Verlustängste. Die Nähe der Co-Abhängigkeit gibt ihnen die Illusion, über die totale Kontrolle zu verfügen.

Die engsten Co-Abhängigkeiten werden von zwei Personen mit demselben Bindungsstil gebildet. Es sollte jedoch beachtet werden, dass nicht alle Menschen, die diesen Bindungsstil aufweisen, Anzeichen des gleichen Ausmaßes zeigen. Wie bei allen Dingen, die die menschliche Psyche betreffen, gibt es eine ganze Bandbreite. Diejenigen mit schweren Neigungen zum ängstlichen Bindungsstil werden härter daran arbeiten müssen, ihre destruktiven Muster zu durchbrechen.

Letzten Endes sind die Lektionen, die gelernt werden müssen, dieselben – unabhängig davon, welchen Typus oder Bindungsstil Sie aufweisen. Wenn Sie Ihr Verhalten oder das Ihres Partners auf diesen Seiten wiederfinden, fühlen Sie sich nicht dadurch entmutigt, angesprochen zu werden. Konzentrieren Sie sich einfach auf die Lektionen, die es zu lernen gilt, und Sie werden bald feststellen, dass Sie sich von Ihrem co-abhängigen Verhalten lösen.

# Kapitel drei: Aus Liebe zu Grenzen

Wann immer das Wort „Grenzen" oder „Begrenzungen" ins Gespräch kommt, ist es mit negativen Konnotationen verbunden. Die Menschen neigen dazu, zu denken, dass Grenzen zu einer Form von Entbehrung führen und dass alle Freude für immer aus ihrem Leben gestrichen wird. Das ist natürlich Unsinn. Grenzen sorgen dafür, dass wir vernünftig und unversehrt bleiben. Sie sind so etwas wie die Wände eines Hauses, die eine gesunde Barriere bilden zwischen dem, was uns gehört, und dem, was *da draußen* ist. Grenzen und Mauern bedeuten nicht, dass wir in Isolation oder Einsamkeit leben; sie bedeuten einfach, dass wir anfangen, eine bessere Kontrolle über unsere Gedanken, Gefühle und Freiräume zu erlangen. Ohne Grenzen wären die Welt und unser Leben ein Chaos. Fangen Sie an, die Schönheit in Grenzen zu sehen. Würden Sie in einem Haus ohne Wände leben wollen? Ich glaube nicht.

Ein zentraler Punkt, mit dem alle Co-Abhängigen zu kämpfen haben, sind – Sie haben es erraten! – Grenzen. Ihre Neigung, ihre Identität mit der eines anderen Individuums zu verschmelzen, bedeutet, dass sie ihre Unabhängigkeit nicht mehr wertschätzen. Sie beginnen, Trennung und Individualität als negative Ideen wahrzunehmen. Grenzen sind unangenehm und schwer zu setzen, weil jede Trennung eine Bedrohung für ihren Seelenfrieden darstellt. Sie sehen diese Trennung nicht als einen gesunden und vorübergehenden Abstand, sondern als ein Alleinsein auf unbestimmte Zeit. Ob Sie es merken oder nicht, Ihre Beziehung braucht dringend Grenzen. Vorübergehendes Unbehagen jetzt zu vermeiden, könnte in Zukunft zu dauerhafter Frustration führen. Vielleicht sogar zu einer zerstörten Beziehung. Viele Paare, die so etwas zulassen, blicken mit Bedauern zurück und wünschen sich, sie wären stark gewesen, als das am meisten zählte. Lassen Sie nicht zu, dass dies mit Ihnen und Ihrer Beziehung geschieht.

Um sich von Ihrer Co-Abhängigkeit zu erholen, ist ein notwendiger Schritt, an gesünderen Grenzen zu arbeiten und an der Einstellung, die es braucht, um diese erfolgreich einzusetzen.

## Fünf wichtige Wege zum Aufbau eines starken Selbstbewusstseins

Bevor Grenzen gesetzt werden können, ist es wichtig, dass Sie erkennen, was Ihre Bedürfnisse sind und vor allem, welche Bedürfnisse derzeit nicht erfüllt werden. Dies erfordert Selbsterkenntnis. Als Co-Abhängiger wird es Ihnen schwerfallen, einige Ihrer Bedürfnisse zuzugeben. Vielleicht stellen Sie sogar fest, dass Sie ganz und gar nicht einverstanden sind. Wann immer der Drang aufkommt, zu widersprechen oder sich zu wehren, überlegen Sie, ob diese Reaktion wirklich in Ihren Bedürfnissen begründet ist oder ob Sie nur aus Angst so reagieren. Viele Co-Abhängige fürchten die Herausforderung, unabhängig zu werden. Um Wachstum und wahres Glück zu erreichen, ist es jedoch unerlässlich, dass Sie sich dieser Herausforderung stellen. Selbsterkenntnis wird Sie auf dem Boden der Tatsachen halten und Ihnen bewusst machen, was Sie brauchen, um sich vollkommen zufrieden zu fühlen.

## 1 Schreiben Sie Ihre Gedanken auf

Versuchen Sie, es sich zur Gewohnheit zu machen, Ihre Gefühle und Gedanken aufzuschreiben. Achten Sie darauf, wann eine Emotion auftaucht, und notieren Sie, was diese hervorruft. Durch diese Zeit, in der Sie sich auf Ihre Seele konzentrieren, üben Sie sich darin, mehr im Einklang mit dem zu sein, was Sie fühlen und denken. Manchmal bemerken wir es nicht, weil wir uns nie die Zeit nehmen, unsere innere Welt wirklich zu erleben. Achten Sie darauf, dass sich das, was Sie schreiben, nicht nur um Ihren Partner dreht. Konzentrieren Sie sich auf das, was *Sie* fühlen. Schreiben Sie über andere Bereiche Ihres Lebens oder Themen aus der weiten Welt, die Sie interessieren. Sie können sowohl in ein Tagebuch als auch einfach in ein Word-Dokument auf Ihrem Computer zu schreiben. Zu welcher Variante Sie sich auch entscheiden, der Nutzen ist derselbe.

## 2 Stellen Sie sich Ihr ideales Selbst vor

Das Beste an dieser Übung ist, dass Sie sie überall und jederzeit durchführen können und dass sie nur wenige Minuten dauert. Um die besten Ergebnisse zu erzielen, empfehlen wir jedoch, sie am frühen Morgen oder direkt vor dem Schlafengehen durchzuführen, da Ihr Geist dann wahrscheinlich weniger aufgeregt ist. Schließen Sie die Augen und beginnen Sie, sich ein Bild von Ihrem zukünftigen Ich zu machen. Wie sieht Ihr ideales Selbst aus? Was hat er oder sie erreicht, auf das Sie stolz sind? Was sind die größten Stärken Ihres idealen Selbst? Wie verhält er oder sie sich im Angesicht der Herausforderungen des Lebens?

Nun stellen Sie sich vor, dass dieses ideale Selbst tatsächlich derjenige ist, den Sie im Spiegel betrachten. Sie sind bereits Ihr ideales Selbst. Umarmen Sie die Stärken, die Sie sich wünschen. Sie liegen bereits in Ihnen und warten darauf, freigesetzt zu werden.

Diese Übung ermächtigt Sie nicht nur, sondern ermöglicht Ihnen auch, zu erkennen, was Ihre wahren Werte sind. Und am wichtigsten ist, dass Sie auf diese Weise Ihre Träume und Ihre Bestimmung wiederfinden können. Natürlich ist es bei dieser Übung wichtig, dass Sie alle Visualisierungen strikt auf sich selbst und nicht auf Ihren Partner beziehen.

## 3   Bitten Sie jemanden um Feedback

Der Gedanke, jemanden um Feedback zu bitten, kann erschreckend wirken, aber es ist eine der besten Möglichkeiten, um einen ehrlichen Einblick zu erhalten. Achten Sie darauf, jemanden zu wählen, der Sie einigermaßen gut kennt und auf dessen Meinung Sie vertrauen. Stellen Sie außerdem sicher, dass Ihr Gesprächspartner in der Lage ist, konstruktiv zu bleiben. Halten Sie sich von allen Personen in Ihrem Leben fern, die übermäßig kritisch oder unfreundlich sind. Sie können das Feedback persönlich, am Telefon oder sogar per E-Mail einholen. Fragen Sie diese Person, was ihrer Meinung nach Ihre Stärken sind und in welchen Bereichen Sie noch wachsen können. Wenn Sie dieses Feedback erhalten haben, denken Sie darüber nach. Bekennen Sie sich zu Ihren Stärken und betrachten Sie die Bereiche, in denen Sie sich noch entwickeln können, auf eine besonnene, praktische Art. Wenn Sie Ihr persönliches Wachstum vorantreiben, versuchen Sie, an diesen Bereichen so gut es geht zu arbeiten.

## 4  Machen Sie verschiedene Persönlichkeitstests

Ob Myers-Briggs-Test, SWOT-Analyse oder Enneagramm-Test: Versuchen Sie es und haben Sie Spaß mit verschiedenen Persönlichkeitstests. Das Ziel ist es, sich selbst ein wenig besser kennenzulernen und Ihr Selbstverständnis zu festigen. Diese Tests geben Ihnen nicht nur neue Einblicke in die Merkmale Ihrer Persönlichkeit, sondern zeigen Ihnen auch Stärken auf, die Sie vielleicht noch nie betrachtet haben. Die Identifizierung Ihres Myers-Briggs- und Enneagramm-Typs hilft Ihnen, Ihre Bedürfnisse in Worte zu fassen, und gibt Ihnen eine viel bessere Vorstellung davon, wo Sie Grenzen setzen müssen. Wenn Sie herausfinden, dass Sie sehr introvertiert sind, werden Sie vielleicht feststellen, dass Zeit für Sie allein und Einsamkeit sehr wichtig für Sie sind. Oder vielleicht ist das Gegenteil der Fall und Sie stellen fest, dass Sie in Ihrem Leben dringend mehr Geselligkeit mit Freunden brauchen. Berücksichtigen Sie diese neu erkannten Bedürfnisse und planen Sie, ihnen in Ihrem brandneuen Lebensabschnitt der Unabhängigkeit die Priorität zu geben.

## 5  Überwachen Sie Ihren inneren Dialog

Jeder Mensch führt Selbstgespräche, und auch wenn es uns nicht bewusst ist, werden wir stark von der Art und Weise beeinflusst, wie wir mit uns selbst sprechen. Achten Sie auf Ihren inneren Dialog, wenn Sie mit verschiedenen Ereignissen und Entscheidungen konfrontiert werden. Wenn Sie etwas falsch machen, was sagt dann die Stimme in Ihrem Kopf? Wenn Sie etwas richtig machen, schenken Sie sich selbst die positive Ermutigung, die Ihnen gebührt, oder schreiben Sie den Verdienst jemand anderem zu? Achten Sie auf die Muster in Ihrem inneren Dialog. Beobachten Sie, ob Sie hart zu sich selbst sind.

Anstatt sich für Misserfolge schlechtzumachen, versuchen Sie, konstruktiv zu sein und sich selbst gegenüber Mitgefühl zu zeigen. Wenn möglich, denken Sie sich eine Lösung aus, statt an einer Herabsetzung festzuhalten. Wenn Sie wieder einmal vergessen haben, Ihre Telefonrechnung zu bezahlen, halten Sie sich nicht mit Ihrer Vergesslichkeit auf. Seien Sie freundlich zu sich selbst; vielleicht waren Sie gestresst oder haben an etwas anderem hart gearbeitet. Was können Sie tun, damit Ihnen das in Zukunft nicht mehr passiert? Vielleicht erstellen Sie Erinnerungen auf Ihrem Telefon oder hinterlassen bunte Klebezettel am Kühlschrank. Versuchen Sie, sich auf die Lösung statt auf das Problem zu konzentrieren.

## „Also, wo genau soll ich die Grenze ziehen?"

Anhand der Vorschläge im vorherigen Abschnitt haben Sie vielleicht ein paar Ideen für Grenzen, die Sie setzen können. Ich kann Sie nur ermutigen, an diesen Ideen festzuhalten und sie zu verwirklichen! Wenn Sie immer noch keine klare Vorstellung haben, machen Sie sich keine Sorgen. Sie sind co-abhängig und es vielleicht noch nicht gewohnt, selbstbezogen zu denken. Hier sind einige Ideen zu Punkten, bei denen Sie Grenzen ziehen können:

### 1 Gemeinsame Zeit

In co-abhängigen Beziehungen ist es sehr üblich, dass beide Partner exorbitant viel Zeit miteinander verbringen.

Dies ist ein guter Ansatzpunkt, wenn Sie sich fragen, wo Sie Grenzen ziehen sollten. Wenn Sie ihren Partner täglich sehen, schlagen Sie vor, ein oder zwei Tage getrennt zu verbringen, um sich auf Ihre individuellen Hobbys zu konzentrieren. Wenn Sie zusammenwohnen, können Sie den Tag in verschiedenen Wohnbereichen verbringen und sich nur abends sehen. Wenn es nicht realistisch ist, ganze Tage getrennt zu verbringen, ziehen Sie in Erwägung, Ihren Tagesablauf so zu ändern, dass Sie ein paar Stunden in einem abgelegenen Bereich des Hauses verbringen können.

## 2 Hausarbeit

Es ist sehr üblich, dass der Zuhelfer den größten Teil der Hausarbeit übernimmt. Schließlich ist er der aktivere Partner in der Beziehung. Eine gute Möglichkeit, mehr Gleichgewicht in Ihr Verhältnis zu bringen, besteht darin, mehr Fairness bei den Aufgaben im Haushalt walten zu lassen. Dieser Aspekt des Zusammenlebens mit einem Partner wird leicht übersehen, aber er ist ein wichtiger Indikator für Gleichgewicht oder Ungleichgewicht in der Beziehung. Wenn Sie dazu neigen, die meisten oder alle Aufgaben im Haushalt zu erledigen, sagen Sie Ihrem Partner, dass Sie nicht länger die Hauptlast tragen werden. Bestehen Sie darauf, dass Sie beide jeweils die Hälfte der Aufgaben übernehmen. Wenn Sie sanfter mit ihm umgehen wollen, können Sie ihn wählen lassen, welche Aufgaben er lieber erledigen möchte. Stellen Sie sicher, dass Sie sich an diese neue Vereinbarung halten, indem Sie ihn häufig daran erinnern oder einen Hausarbeitsplan aufstellen.

## 3  Schlechte Angewohnheiten

Dies ist ein großes Problem in co-abhängigen Beziehungen. Die zugeholfenen Partner haben immer irgendeine schlechte Angewohnheit, die eine Belastung für die Beziehung darstellt. Das kann etwas so Gravierendes wie eine Drogensucht sein oder etwas Geringfügigeres, wie allgemeine Faulheit. In einer co-abhängigen Beziehung ist es wichtig, den schlechten Angewohnheiten Grenzen zu setzen, vor allem, wenn diese Sie in irgendeiner Weise beeinträchtigen. Seien Sie unnachgiebig in dieser Grenze, aber überlegen Sie auch, wie Sie ihn bei der Einhaltung dieser Grenze unterstützen können. Wenn Sie möchten, dass Ihr Partner zu den Anonymen Alkoholikern geht, überlegen Sie, ob Sie ihn zu jedem Treffen fahren. Wenn Sie wollen, dass Ihr Partner einen Job findet, helfen Sie ihm bei der Jobsuche und beim Erstellen eines umwerfenden Lebenslaufs. Wenn es kleine Angewohnheiten gibt, die Sie stören, erwägen Sie, auch dort Grenzen zu ziehen. Sie mögen es nicht, wenn Ihr Partner seine schmutzigen Socken auf dem Sofa liegen lässt? Fangen Sie an, diese Grenze zu setzen!

## 4  Verbale Kommunikation: Sprache und Tonfall

Verbale Kommunikation ist schwer zu meistern und es ist möglich, dass Ihr Partner Neigungen hat, die Sie wirklich verärgern. Vielleicht sogar mehr als das – vielleicht finden Sie sie verletzend und erschütternd. Wenn Ihr Partner auf eine Art und Weise mit Ihnen spricht, die Sie als störend empfinden, zögern Sie nicht, es anzusprechen, vor allem, wenn er Sie beschimpft, seine Stimme erhebt, sich über Sie lustig macht oder Sie in Momenten der Wut herabsetzt. Das Ziehen von Grenzen in Bezug auf kontraproduktive Kommunikationsstile kann schwieriger umzusetzen sein, da diese Entscheidungen spontan getroffen werden. Doch ich möchte wetten, dass Sie sich bis jetzt gar nicht gewehrt haben. Es reicht schon aus, das störende Verhalten zu benennen und Ihrem Partner zu sagen, dass Sie es nicht länger tolerieren werden, um dem ein Ende zu setzen.

## 5 Entscheidungen treffen und Pläne machen

Wenn eine Person in Ihrer Beziehung ständig eine dominante Rolle einnimmt, ist es wahrscheinlich, dass diese Person die meisten Entscheidungen trifft. Dazu gehören z. B. die Aktivitäten, an denen Sie teilnehmen, was Sie essen, wohin Sie gehen und mit wem Sie sich treffen wollen. Wenn Ihr Partner dazu neigt, seinen Willen durchzusetzen, wenn es darum geht, Pläne zu machen, versuchen Sie, ihn auf diese Tatsache hinzuweisen. Grenzen Sie ein, wie oft er Ihre gemeinsamen Pläne dominieren kann. Schlagen Sie vor, diese Entscheidung gemeinsam zu treffen oder bestimmte Tage festzulegen, an denen einmal Sie und einmal Ihr Partner entscheidet. Und wenn Sie derjenige sind, der dazu neigt, zu dominieren, dann bringen Sie die Stärke auf, dieses Gleichgewicht in Ihrer Beziehung herzustellen. Wenn Ihr Partner die Entscheidung mit einem Achselzucken abtut und Sie jedes Mal bittet, zu wählen, bestehen Sie darauf, dass er es übernimmt. Er wird vielleicht zögern, aber später wird das Wissen, dass er diese Entscheidung getroffen hat, ihn in seinem eigenen Leben bestärken.

## 6 Wie man Geld ausgibt

Diese Entscheidung ist ein weiterer wichtiger Punkt. Ein Mangel an Grenzen rund um die Finanzen kann bei Paaren, die nicht lernen, zusammenzuarbeiten, zu einer Menge Groll führen. In einer co-abhängigen Beziehung ist die Wahrscheinlichkeit groß, dass ein Partner mehr Geld ausgibt als der andere oder das Geld für etwas verwendet, das für seine eigene Lebenshaltung destruktiv ist. Vielleicht haben Sie einen Partner, der Ihr ganzes Geld für Einkäufe ausgibt und Sie können einfach nicht nein sagen. Oder er benutzt es, um seine schlechten Angewohnheiten zu finanzieren. Wenn das Geld in eine kontraproduktive Aktivität oder Gewohnheit fließt, sollten Sie hier Grenzen ziehen. Es gibt immer bessere Dinge, in die man investieren kann. Sprechen Sie über Ihre gemeinsame Zukunft. Denken Sie an all das Geld, das Sie für ein neues Haus, einen neuen Fernseher oder sogar einen gemeinsamen Urlaub hätten sparen können. Legen Sie fest, wie und wie viel Geld ausgegeben werden kann; Sie werden es nicht bereuen!

## Vier Fragen zur Beseitigung von Schuldgefühlen vor dem Setzen von Grenzen

Wann immer co-abhängige Partner mit dem Gedanken konfrontiert werden, Grenzen zu setzen, bringen sie unweigerlich die Schuldgefühle zur Sprache, die sie empfinden. Das alles geht zurück auf die ungesunde Vorstellung, dass Grenzen grausam sind. Co-abhängige Menschen haben das Gefühl, dass sie gleichbedeutend damit sind, ihren Partner zurückzuweisen oder ihm zu sagen, er solle einen in Ruhe lassen. Lassen Sie uns das gleich klarstellen: Grenzen zu setzen ist keine Ablehnung! Wenn es richtig gemacht wird, werden dabei keine Gefühle verletzt und es ist für beide Seiten ein Gewinn. Ein Mangel an Grenzen kann dazu führen, dass Menschen mit der Zeit Groll oder Frustration empfinden – und das kann einer romantischen Partnerschaft echten Schaden zufügen.

Auch wenn es für Co-Abhängige völlig normal ist, dass sie zögern, Grenzen zu setzen, müssen sie erkennen, dass dieses Gefühl überwunden werden muss. Wenn Sie sich bei dem Gedanken, Ihrem Partner gegenüber Grenzen aufzuzeigen, unwohl fühlen, ist das in Ordnung! Das ist nur ein weiterer Beweis dafür, dass Sie wirklich co-abhängig sind. Die gute Nachricht ist, dass dieses Schuldgefühl mit etwas Selbstreflexion beseitigt werden kann. Also, an die Arbeit!

### 1 „Wie hält mich mein Mangel an Grenzen von meinen Träumen und Zielen ab?"

Nachdem Sie die Vorschläge im Abschnitt „Selbsterkenntnis" genutzt haben, denken Sie über den Weg zwischen Ihrem jetzigen Zustand und den Zielen nach, die Sie erreichen wollen. Ob Sie es merken oder nicht, Ihr Mangel an Grenzen schafft diesbezüglich ein Hindernis. Wie genau manifestiert sich dieses Hindernis? Es muss sich nicht auf Ihren großen Lebenstraum beziehen, es kann auch Ihre kurzfristigen Ziele meinen. Nehmen wir zum Beispiel an, Sie wollen anfangen, zu trainieren, damit Sie besser in Form kommen. Wenn Sie sich keine Grenzen in Bezug auf Geld und Zeit setzen, wird es schwieriger, diese Ziele zu erreichen. Wenn Sie Ihrem co-abhängigen Partner alles kaufen, was er oder sie möchte, und jede Minute des Tages mit ihm verbringen, wie werden Sie sich dann eine Mitgliedschaft in einem tollen Fitnessstudio leisten können? Wie werden Sie die Zeit oder Energie finden, um mit dem Training zu beginnen? Denken Sie darüber nach, wie befriedigend es wäre, diese Ziele endlich zu erreichen. Wäre es nicht schade, wenn Ihnen Ihre Beziehung in die Quere kommt? Wie werden Sie sich später im Leben fühlen, wenn Sie feststellen, dass Sie Ihre Chance verpasst haben?

## 2  „Inwiefern werde ich mich positiver fühlen, nachdem ich diese Grenzen gesetzt habe?"

Stellen Sie sich vor, wie es sich anfühlen wird, nachdem Sie diese Grenzen erfolgreich gesetzt haben. Sie müssen diese Gefühle nicht benennen, wenn Sie das nicht wollen. Erleben Sie sie einfach gedanklich und emotional. Versuchen Sie, sich in die Lage Ihres zukünftigen Ichs zu versetzen. Es könnte ein paar Wochen oder Monate später sein – immer dann, wenn Ihre Grenzen ihre volle Wirkung entfalten konnten. Wenn Sie Grenzen setzen, um mehr Zeit für sich selbst zu haben, denken Sie an all die Dinge, die Sie mit dieser Zeit bewerkstelligen werden. Stellen Sie sich vor, wie Sie sich fühlen werden, wenn Sie sehen, wie viel Sie erreicht haben, weil Sie die Kraft hatten, diese Grenzen zu setzen. Wenn Sie darüber nachdenken, mehr Regeln für den Umgang mit Geld aufzustellen, stellen Sie sich vor, dass Sie in der Zukunft über all dieses zusätzliche Geld verfügen werden. Was werden Sie damit tun? Denken Sie an die vielen wunderbaren Dinge, für die Sie Ihr Erspartes verwenden können! Stellen Sie sich vor, Sie machen einen fantastischen Urlaub mit Ihrem Partner, weil Sie endlich seine schrecklichen Kaufgewohnheiten einschränken konnten!

### 3 „In welcher Hinsicht wird mein Partner wachsen, wenn ich diese Grenzen setze?"

Sie denken, Sie helfen, indem Sie keine Grenzen ziehen, aber nichts könnte der Wahrheit ferner liegen. Lassen Sie uns diesen Irrglauben einen Moment lang untersuchen. Was genau lässt Sie glauben, es wäre hilfreich, ihren Partner tun zu lassen, was er will? Liegt es daran, dass Sie ihm in diesem Moment keine Unannehmlichkeiten oder Unmut bereiten? Warum ist kurzfristige Unzufriedenheit der Feind und nicht langfristige Frustration oder Unzufriedenheit? Menschen wachsen durch Herausforderungen. Als Partner ist es nicht Ihre Aufgabe, alle Herausforderungen zu beseitigen; es ist Ihre Aufgabe, dafür zu sorgen, dass Ihr Partner die nötige Unterstützung bei den Herausforderungen seines Lebens hat. Unterstützung bedeutet, an seiner Seite zu bleiben und nicht das eigene Wohlbefinden zu opfern.

Was wird Ihr Partner durch diese neuen Grenzen verbessern? Auf welche Weise wird er sich weiterentwickeln? Wenn Sie versuchen, Ihrem Partner dabei zu helfen, eine schlechte Angewohnheit aufzugeben, denken Sie an das Wachstum, das er erfahren wird, wenn er diese endlich loslässt. Möglicherweise hat er dann eine bessere Gesundheit, mehr Geld und mehr Zeit, sich auf seine Ziele zu konzentrieren. Er wird vielleicht lernen, geduldiger und selbstbewusster zu sein, und er wird vielleicht sogar anfangen, Ihnen gegenüber ein besserer Partner zu sein.

### 4  „Wie wird meine Beziehung durch bessere Grenzen stärker?"

Denken Sie mit den Antworten auf alle anderen Fragen im Hinterkopf darüber nach, welche Auswirkungen diese Grenzen insgesamt auf Ihre Beziehung haben werden. Sie haben nun festgestellt, inwiefern Sie sich positiver fühlen werden und auf welche Weise Ihr Partner daran wachsen wird; was bedeutet das für Ihre Beziehung als Ganzes? Ihre Beziehung mag jetzt bequem sein, aber was wäre, wenn sie stattdessen ermächtigend wäre? Stellen Sie sich vor, was Sie gemeinsam erreichen könnten.

## Wichtige Tipps für das erfolgreiche Setzen gesunder Grenzen

### 1  Führen Sie Grenzen so nahtlos wie möglich ein

Hier ist ein Profi-Tipp für das Setzen von Grenzen mit positivem Ergebnis: Führen Sie sie nahtlos ein und machen Sie keine große Sache daraus. Viele Menschen, denen das Setzen von Grenzen neu ist, machen den Anfängerfehler, das Thema mit einer schweren, traurigen Miene anzugehen und dem Gespräch zu viel Intensität zu verleihen. Es gibt keinen Grund, das Thema so zu behandeln! Wenn Sie einen Tag in der Woche für das Training reservieren wollen, sagen Sie einfach: „Hey Schatz, ich werde mich darauf konzentrieren, fit zu werden. Ich will unbedingt in Form kommen! Ich denke darüber nach, den Samstag zu meinem Solo-Work-out-Tag zu machen. Du wirst meinen neuen heißen Körper lieben – warte nur!" Beachten Sie, wie zwanglos und unbeschwert dies ist. Indem Sie neue Veränderungen auf diese Weise zur Sprache bringen, fühlen sie sich nicht beängstigend und ernst an. Es ist nur eine kleine neue Veränderung – keine große Sache! Ihr Partner wird sich weniger Sorgen machen, und Sie werden selbst sehen, wie unglaublich normal es klingt, Grenzen zu ziehen.

## 2 Verwenden Sie positive Sprache

Wenn Sie vorschlagen wollen, mehr Zeit getrennt zu verbringen, sagen Sie *nicht:* „Liebling, ich glaube, wir müssen mehr Zeit getrennt voneinander verbringen. Es macht mich verrückt und ich kann nicht mehr damit umgehen." Diese negative und emotionale Sprache wird Ihren Partner beunruhigen. Erinnern Sie sich selbst daran, dass dies kein negatives Ereignis ist, sondern das ganze Gegenteil davon. Ihre Beziehung entwickelt sich weiter. Seien Sie positiv und freuen Sie sich auf Ihren neuen Lebensabschnitt. Wenn Sie mit Ihrem Partner über die neuen Grenzen sprechen, sollten Sie das Gespräch mit einer positiven Sprache führen. Konzentrieren Sie sich auf die Vorteile, die Sie sehen werden, anstatt darauf, wie schwierig es sein wird.

## 3 Machen Sie Ihrem Partner Mut

Natürlich löst das erste Gespräch, das Sie über Grenzen führen, bei Ihrem Partner vielleicht ein wenig Angst aus. Rechnen Sie damit und lassen Sie sich nicht entmutigen. Wenn es passiert, versichern Sie Ihrem Partner und erinnern Sie ihn daran, dass Sie diese Grenzen setzen wollen, damit sich Ihre Beziehung verbessert. Und warum? Weil Sie Ihren Partner lieben und Ihr beider Glück für die Zukunft sicherstellen wollen. Wenn Ihr Partner besorgt erscheint, bringen Sie diese Tatsache immer wieder zur Sprache. Untätigkeit ist ein großes Anzeichen von Apathie in unserer Beziehung; wenn Sie sich aktiv um Verbesserungen bemühen, ist das ein Beweis dafür, dass Ihnen die Zukunft Ihrer Beziehung wirklich am Herzen liegt.

## 4  Bleiben Sie standhaft und lassen Sie sich nicht abbringen

Da Grenzen in Ihrer Beziehung neu sind, ist es möglich, dass Ihr Partner sich dagegen wehren wird. Bereiten Sie sich im Voraus darauf vor, wie Sie reagieren werden. Was auch immer Sie tun, bleiben Sie in Ihren Aussagen standhaft und machen Sie keinen Rückzieher. Wenn Sie zwiegespalten oder unsicher wirken, wird dies das Zögern Ihres Partners nur noch verstärken. Wenn Sie selbstbewusst bleiben, werden Sie Ihren Partner schließlich davon überzeugen, dass dies die beste Vorgehensweise ist. Wenn Ihr Partner zu Manipulationen oder Schuldzuweisungen neigt, bereiten Sie sich zudem auf diese Taktiken vor. Versuchen Sie, einzuschätzen, wie er sich wehren wird, und lassen Sie sich eine wirksame Antwort einfallen. Behalten Sie die Vorteile Ihrer Grenzen im Auge und lassen Sie nicht zu, dass ihr Partner Sie zurück in Ihre alten destruktiven Muster zieht.

## 5  Sprechen Sie keine Drohungen aus

Wenn Ihr Partner die Grenzen missachtet, die Sie vereinbart haben, ist es wichtig, dass es dafür Konsequenzen gibt – aber befassen Sie sich mit diesem Ergebnis nur dann, wenn es eintritt. Sprechen Sie keine Drohungen im Voraus auf dieses Ereignis aus. Versuchen Sie im Moment, zu glauben, dass Ihr Partner diese Grenzen ernst nehmen wird. Sobald Drohungen ins Gespräch kommen, beginnen Sie, in emotional missbräuchliches Terrain abzuschweifen. Es ist absolut notwendig, dass Ihr Partner aus Liebe zu Ihnen und Ihrer Beziehung Veränderungen vornimmt und nicht aus Angst vor den Konsequenzen, mit denen Sie ihm gedroht haben. Drohungen bringen eine Menge Negativität in die Situation und verschlimmern die Co-Abhängigkeit nur.

## 6 Betonen Sie die Veränderung auf beiden Seiten

Wenn Sie wollen, dass Ihr Partner kooperiert, dann lassen Sie es nicht so klingen, als sei er der Einzige, der sich ändern muss. Denken Sie daran, dass Sie beide diese Situation miterschaffen haben. Wie wir im vorherigen Kapitel festgestellt haben, braucht es zwei Persönlichkeiten, um eine Co-Abhängigkeit zu bilden. Auch wenn Sie das Gefühl haben, dass Ihr Partner an mehr Dingen arbeiten muss, ist es wichtig, dass auch Sie für Ihr Handeln Verantwortung übernehmen. Sagen Sie ihm, was Ihr Beitrag zu dieser neuen Veränderung sein wird. Ihr Partner wird viel eher positiv reagieren, wenn Sie es so klingen lassen, als ob dies eine Reise sei, die Sie gemeinsam antreten. Schieben Sie nicht ihm allein die Verantwortung zu.

## 7 Halten Sie sich an Ihre eigenen Regeln

Wenn Sie in Ihrer Beziehung Grenzen ziehen wollen, dann müssen auch Sie diese respektieren. Wie können Sie von Ihrem Partner erwarten, dass er sie ernst nimmt, wenn Sie es selbst nicht tun? Es wäre völlig unfair, wenn Sie von Ihrem Partner verlangen würden, sich zu ändern, aber im Gegenzug nicht an sich selbst arbeiten würden. Wenn Sie versuchen, die Drogensucht Ihres Partners einzuschränken, dann ist es nur fair, dass Sie Ihre Alkoholabhängigkeit kontrollieren. Eine gute Faustregel ist, jede Grenze, die

Sie für Ihren Partner schaffen, auch als eine Grenze für sich selbst zu betrachten. Seien Sie kein Heuchler. Sorgen Sie stets für gleiche Verhältnisse und hören Sie auf Ihre eigenen Regeln. Sie tragen dazu bei, zu bestimmen, wie ernst Ihre Grenzen genommen werden können.

# Kapitel vier: Ein starkes Selbstwertgefühl entwickeln

Die Gesamtgesundheit einer Beziehung hängt von den beiden Personen ab, aus denen sie besteht. Sie ist keine eigenständige Einheit. Wenn Sie ein zutiefst unsicherer Mensch sind, werden Sie diese Unsicherheiten in Ihre Beziehung tragen. Wenn Sie als Single eifersüchtig sind, werden Sie auch ein eifersüchtiger Partner sein. Diese Probleme verschwinden nicht einfach, sobald jemand anderes im Spiel ist. Die Erwartung, dass eine Beziehung alles für Sie regelt, ist eine weitere Möglichkeit dafür, wie sich Co-Abhängigkeit bildet. Die Partner klammern sich aneinander, in der Hoffnung, dass dies ihre innere Zerrissenheit lindern wird; es lässt sie glauben, dass es sich um das ultimative Heilmittel handelt. Wenn dies nicht zu funktionieren scheint, klammern sie sich noch fester aneinander, bis der Versuch völlig nach hinten losgeht. Um in einer gesunden Beziehung zu leben, müssen Sie daran arbeiten, ein gesundes Individuum zu sein. Eine Möglichkeit hierfür ist das Arbeiten an Ihrem Selbstwertgefühl. Ob Sie es glauben oder nicht, ein gestörtes Selbstwertgefühl ist oft die Wurzel vieler fehlerhafter Beziehungsdynamiken. Das gilt nicht weniger für Co-Abhängigkeiten.

Die Tipps und Übungen in diesem Kapitel tragen alle zu einer stärkeren Selbstwahrnehmung und einem stärkeren

Selbstwertgefühl bei. Nehmen Sie sich die Zeit, um an sich und nur an sich zu denken.

# Wie ein hohes Selbstwertgefühl Ihre Co-Abhängigkeit verbessern kann

Co-Abhängige Partner neigen dazu, den Zusammenhang zwischen dem Selbstwertgefühl und der Co-Abhängigkeit zu leugnen. Viele bestehen darauf, dass ihre Co-Abhängigkeit aus tiefer Liebe und Bindung aneinander entsteht, aber das ist ein Irrtum. Tiefe Liebe und Bindung mag es tatsächlich geben, aber viele Paare sind in der Lage, solche Gefühle zu empfinden, ohne auf ungesunde Muster zurückzugreifen. Einer der Hauptunterschiede ist, dass gesunde Paare ein höheres Selbstwertgefühl besitzen. Die folgenden Verbesserungen kann das Selbstwertgefühl im täglichen Umgang bewirken:

## Beispiel eins

**Geringes Selbstwertgefühl:** Sie zweifeln häufig an sich selbst und fühlen sich unentschlossen. Das führt dazu, dass Sie nicht wissen, wie Sie Ihre Ziele erreichen können. Sie sind sich nicht einmal sicher, ob die Ziele, die Sie verfolgen, erstrebenswert sind. Insgesamt fühlen Sie sich von der Skepsis gegenüber Ihren Entscheidungen im Leben übermannt. Deshalb verlassen Sie sich auf Ihren Partner, der Ihnen sagt, was Sie tun sollen.

**Hohes Selbstwertgefühl:** Wenn es um Ihre Ziele geht, vertrauen Sie darauf, dass Sie die richtige Vorgehensweise finden werden. Das bedeutet nicht, dass Sie auf dem Weg dorthin keine Fehler machen werden. Doch wenn dies geschieht, vertrauen Sie darauf, dass Sie herausfinden werden, wie Sie das Problem beheben können, und tun Sie dies entsprechend. Sie hören auf das Feedback Ihres Partners, aber Sie machen dieses nicht zum ausschlaggebenden Argument, es sei denn, Sie stimmen ihm zu.

## Beispiel zwei

**Geringes Selbstwertgefühl:** Es fühlt sich an, als ob Sie alles falsch machen. Jedes Mal, wenn Sie versuchen, etwas Neues zu tun, geht es nach hinten los und scheitert. Sie glauben nicht daran, dass Sie irgendwelche starken Fähigkeiten besitzen. Sie ziehen es vor, dass Ihr Partner alles erledigt, weil Sie nichts so gut können wie er. Sie halten sich selbst für zutiefst inkompetent.

**Hohes Selbstwertgefühl:** Sie machen vielleicht nicht immer alles richtig, aber Sie wissen, dass Sie trotzdem eine sehr kompetente Person sind. Jeder Mensch geht durch einen Lernprozess, und irgendwann machen auch Sie es richtig. Sie sind in der Lage, sich um sich selbst zu kümmern und teilen sich gerne Hausarbeiten oder andere Aufgaben mit Ihrem Partner, da Sie wissen, dass Sie diese genauso gut erledigen können wie er. Niemand ist perfekt, aber Sie wissen, dass Sie alles schaffen können, was Sie sich vornehmen.

## Beispiel drei

**Geringes Selbstwertgefühl:** Sie haben Angst davor, allein zu sein. Das ist der Grund, warum Sie in Ihrer Beziehung keine Grenzen setzen können; Sie haben Angst, dass Ihr Partner Sie verlässt. Selbst wenn er etwas tut, das Sie stört, beißen Sie sich auf die Zunge und behalten Ihre

Gefühle für sich. Sie wollen ihm einfach gefallen, damit er bei Ihnen bleibt. Sie wissen nicht, wer Sie ohne ihn sind, und Sie sind sich nicht sicher, wie Sie ohne ihn weitermachen würden. Sie brauchen ihn dringend in Ihrem Leben, um sich sicher zu fühlen.

**Hohes Selbstwertgefühl:** Natürlich lieben Sie Ihren Partner – schließlich sind Sie ja deswegen mit ihm zusammen! – aber Sie werden es verkraften, sollte Ihre Beziehung nicht funktionieren. Sie sind in der Beziehung, weil Sie Ihren Partner wollen, nicht weil Sie Ihren Partner *brauchen*. Sie haben kein Problem damit, ehrlich zu sein und Ihrem Partner gegenüber Grenzen zu setzen, weil Sie wissen, was Sie brauchen, um in einer Beziehung glücklich zu sein. Wenn Ihr Partner nicht bereit ist, zu kooperieren, dann ist das ein klares Zeichen dafür, dass er nicht die richtige Person für Sie ist. Sie kennen Ihren Wert und Ihre Bedeutung außerhalb der Paarbeziehung. Ihre Beziehung besteht aus zwei ganzen Menschen – nicht aus zwei Hälften.

# Beenden Sie die Co-Abhängigkeit mit diesen 22 Selbstwertgefühl-Affirmationen

Positive Affirmationen sind ein bewährtes Mittel, um das eigene Selbstgespräch zu verbessern. Wenn Sie ermutigende Mantras rezitieren, verändert sich Ihr innerer Dialog und alle selbstzerstörerischen Neigungen können mit der Zeit aufgegeben werden. Um Ihr Selbstwertgefühl zu stärken und Ihr inneres Selbstvertrauen zu festigen, sollten Sie versuchen, diese positiven Affirmationen zu einem

Teil Ihrer Selbstgespräche zu machen. Durch kontinuierliche Übung wird Ihr Gehirn so umprogrammiert, dass Sie sofort mehr persönliche Zufriedenheit empfinden.

1. Alles, was ich brauche, ist bereits in mir angelegt.
2. Ich bin der Herr über meine eigenen Gefühle.
3. Heute werde ich Hindernisse mit neuer Kraft überwinden.
4. Ich bin meine eigene Festung. Ich allein habe die Kontrolle darüber, was hereinkommt und was herausgeht.
5. Ich kann problemlos für alles sorgen, was ich brauche.
6. Ich bin in der Lage, großartige Dinge zu tun.
7. Ich lasse meine vergangenen Probleme los und begrüße bessere Tage.
8. Ich kann stolz und mutig auf meinen eigenen Füßen stehen.
9. Ich bin offen und bereit, meine wahre Kraft zu erleben.
10. Jeder Schritt, den ich mache, führt mich zum Erfolg.
11. Ich werde von meiner inneren Magie beflügelt.
12. Ich atme kraftvolles Vertrauen ein und Selbstzweifel aus.
13. Ich bin stärker als je zuvor.
14. Ich bin vollständig und ich bin genug.
15. Ich meistere alles mit Bravour.
16. Alles, was ich berühre, wird von Licht durchdrungen.
17. Ich bin eine unaufhaltsame Kraft.

18. Ich bin ein überfließender Kelch der Liebe und Freude.
19. Ich bin Feuer und ich leuchte voraus.
20. Das Universum unterstützt mich und alle meine Träume.
21. Schönheit ist überall um mich herum und ich erschaffe sie, wo immer ich gehe.
22. Heute ist der Beginn meines bisher besten Lebensabschnitts.

# Acht Übungen zur Entwicklung eines starken Selbstbewusstseins

Das Beste am Selbstwertgefühl ist, dass man es aufbauen kann. So, wie Sie sich jetzt gegenüber sich selbst fühlen, wird es nicht immer bleiben. Der einzige Grund dafür, dass Sie ein geringes Selbstwertgefühl haben, ist, dass Ihr Gehirn daran gewöhnt ist, negative Gedanken über sich selbst zu erzeugen – aber das ist in keiner Weise ein Hinweis darauf, wer Sie wirklich sind. Es ist an der Zeit, dieses Muster für immer zu durchbrechen und anzufangen, sich selbst mit Freundlichkeit zu betrachten. Sie besitzen viele positive Eigenschaften und es ist an der Zeit, dass Sie das erkennen.

## 1 Das Tagebuch der Siege

Ihre Tage sind mit Siegen gefüllt. Sie merken es vielleicht nicht, aber es ist wahr. Der Grund, warum Sie diese nicht bemerken, ist, dass Sie darauf warten, dass ein großer Sieg vom Himmel fällt. Doch Sie erreichen jeden Tag kleine und mittlere Siege! Auch diese verdienen es, gefeiert zu werden. Es ist nicht realistisch, jeden Tag einen großen Sieg zu erringen. Niemand schafft das! Um sich für einen großen Sieg zu motivieren, beginnen Sie ein Tagebuch und füllen Sie es mit Ihren kleinen Siegen. Listen Sie jeden Tag drei Dinge auf, die Sie richtig gemacht haben – sowohl die gewollten als auch die ungewollten Siege. Haben Sie sich ein absolut köstliches Sandwich gemacht? Haben Sie heute weniger Zeit in den sozialen Medien verbracht als gestern? Vielleicht haben Sie einem Fremden ein Kompliment gemacht und ihn damit spürbar glücklich gemacht? Das alles sind Siege, die gefeiert werden sollten!

## 2 Geben Sie den Umständen die Schuld, nicht dem Individuum

Wann immer wir einen Fehler machen, neigen wir dazu, unserer Persönlichkeit die Schuld zu geben. Das ist nicht immer fair. Wenn Sie das nächste Mal versagen oder einen Fehler machen, versuchen Sie stattdessen, die Umstände dafür verantwortlich zu machen. Nehmen wir zum Beispiel an, Sie haben auf dem Heimweg von der Arbeit vergessen, Lebensmittel zu besorgen. Anstatt sich selbst als vergesslich oder dumm zu bezeichnen, versuchen Sie, die Umstände zu benennen, die Sie in diese Situation gebracht haben. Führen Sie diesen Fehler darauf zurück, wie beschäftigt Sie in letzter Zeit waren und wie viel Stress Sie empfunden haben. Sie hätten sich daran erinnert, die Aufgabe zu erledigen, wenn Sie nicht so müde wären! Dieser Fehler macht Sie nicht aus. Jetzt ist es wichtig, dass Sie sich nicht mit ihm aufhalten. Fangen Sie an, über Lösungen für das nächste Mal nachzudenken, falls die gleichen Umstände wieder auftreten sollten.

### 3 Sprechen Sie mit jemandem, der Ihnen ein gutes Gefühl vermittelt

Wie wir uns gegenüber uns selbst fühlen, wird stark von den Menschen beeinflusst, mit denen wir zusammen sind. Wenn Sie viel Zeit mit Menschen verbringen, die negativ über Sie oder die Welt im Allgemeinen sprechen, werden Sie diese Negativität in Ihren inneren Dialog aufnehmen. Wenn Sie nicht jeden vermeiden können, der Ihnen ein schlechtes Gewissen einredet, sollten Sie sich bemühen, auch Zeit mit Menschen zu verbringen, die Ihnen ein gutes Gefühl vermitteln. Verbringen Sie Zeit mit ihnen, ohne Ihren Partner mitzubringen, wenn möglich. Fühlen Sie sich in ihrer Gegenwart lustig? Klug? Kompetent? Einfühlsam? Lassen Sie sich auf diese guten Gefühle ein und haben Sie Spaß mit Ihren neuen Freunden. Und erkennen Sie, dass Sie wirklich all diese wunderbaren Eigenschaften besitzen, die Sie wahrnehmen!

### 4 Werden Sie aktiv

Sich körperlich zu betätigen, mag nach einem seltsamen Weg klingen, um das Selbstwertgefühl aufzubauen. Aber ob Sie es glauben oder nicht, es wirkt Wunder. Wenn wir wandern gehen oder ein paar Kilometer joggen, erbringen wir einen echten Beweis unserer Fähigkeit, etwas zu erreichen. Wir tun einfach etwas und haben dadurch Erfolg. Wenn wir nur herumsitzen und in unserem eigenen Saft schmoren, ist es leicht, von Negativität und Selbstzweifeln überschwemmt zu werden. Wir müssen uns angewöhnen, die Dinge einfach *zu tun* und dann zurückzuschauen, um zu sehen, wie weit wir gekommen sind. Wenn wir aktiv werden, können wir unseren Fortschritt mit einem gewissen Abstand betrachten oder von unserem Ziel aus die

Aussicht bewundern. Es ist eine großartige Möglichkeit, uns an unsere Kraft zu erinnern, denn wir *nutzen* diese Kraft, um uns selbst etwas zu beweisen! Die Endorphine, die das Aktivwerden hervorruft, und die Möglichkeit, sich aus seiner Routine zu befreien, geben Ihnen außerdem einen sofortigen Stimmungsaufschwung.

## 5 Reagieren Sie auf den Teufel auf Ihrer Schulter

Einige von uns führen eine andauernde Beziehung mit dem Teufel auf unserer Schulter. Egal, was wir tun, da ist immer eine kleine Stimme, die uns sagt, dass wir noch nicht gut genug sind. Diese Stimme kann uns sogar davon überzeugen, dass wir uns von jedem möglichen Risiko fernhalten sollten, weil wir versagen werden oder nicht die Fähigkeiten haben, um erfolgreich zu sein. Sie haben diese Stimme wahrscheinlich schon einmal gehört. Ich wette jedoch, dass Sie ihr bislang zugehört und geschwiegen haben. Von nun an werden Sie dieser Stimme nicht mehr erlauben, Ihnen ein schlechtes Gewissen einzureden. Selbst wenn Sie sich dadurch für verrückt halten, antworten Sie dem Teufel auf Ihrer Schulter. Kämpfen Sie, wenn nötig. Fragen Sie ihn, mit welchen Beweisen er seine Aussagen untermauert, und weisen Sie widersprüchliche Beweise zurück. Überlegen Sie, wie jemand, der Ihnen nahesteht, in dieser Situation für Sie einstehen würde.

## 6 Begeben Sie sich in eine Siegerpose

In einer kürzlich durchgeführten Studie wurde herausgefunden, dass Teilnehmer, die in einer Siegerpose standen, einen Rückgang ihres Stressniveaus und einen Anstieg ihres Testosteronspiegels (der das Selbstvertrauen bestimmt) feststellten. Dies ist natürlich nicht überraschend, da die

Körpersprache bekanntermaßen unseren eigenen Gemütszustand beeinflussen kann. Wenn Sie sich das nächste Mal kraftlos, traurig oder energielos fühlen, stellen Sie sich für mindestens zwei Minuten in eine dieser Siegerposen:

- Stellen Sie sich stolz mit gespreizten Beinen auf und legen Sie die Hände fest auf Ihre Hüften. Achten Sie darauf, die Brust herauszudrücken und den Rücken gerade zu halten.
- Lehnen Sie sich in Ihrem Stuhl zurück und legen Sie die Füße auf den Tisch. Halten Sie die Hände hinter dem Kopf verschränkt und öffnen Sie den Brustkorb.
- Lehnen Sie sich mit gespreizten Beinen in Ihrem Stuhl zurück. Legen Sie einen Arm über etwas, das neben Ihnen steht (z. B. einen Stuhl), und machen Sie mit dem anderen Arm, was Sie wollen.

Versuchen Sie, kraftlose Haltungen zu vermeiden, indem Sie Ihre Arme nicht verschränken, Ihre Hände nicht falten und in Ihrem Sitz nicht in sich zusammenfallen. Dies hat den gegenteiligen Effekt. Wählen Sie eine Siegerpose und führen Sie diese sofort aus!

## 7   Erschaffen Sie ein Alter Ego

Die Verwendung eines Alter Egos ist eine bewährte Methode, um Ihr Selbstvertrauen zu steigern. In einer Studie über Mixed-Martial-Arts-Kämpfer wurde festgestellt, dass die Erschaffung eines Alter Egos dazu beitrug, sich im Ring besser zu fühlen und mehr zu leisten. Denken Sie an all die Eigenschaften, die Sie bewundern, und beginnen Sie, eine Figur zu konstruieren, die diese Eigenschaften verkörpert. Sie können sich sogar einen Namen für diese Figur ausdenken, wenn Sie möchten. Das nächste Mal, wenn Sie sich in einer Situation befinden, in der Sie sich schüchtern oder unsicher fühlen, spielen Sie diese Figur. Fragen Sie sich, was diese Figur sagen würde, wenn sie sich in dieser Situation befinden würde, was sie tun würde, wie sie sich verhalten würde usw. Wenn Sie mit dieser Figur in die Öffentlichkeit gehen, versuchen Sie, nicht ihren fiktiven Namen zu verwenden oder ihr gar ein ganz neues Leben zu geben. Es könnte unangenehm werden, wenn die Leute herausfinden, dass Sie sich verstellt haben. Stellen Sie sicher, dass es immer noch Sie sind, aber eben die 2.0-Version von Ihnen. Für ein wenig zusätzlichen Spaß können Sie sogar so tun, als ob diese Figur eine Superkraft hätte. Aber in diesem Fall ist es sehr wichtig, dass Sie nicht versuchen, sie in der Öffentlichkeit zu zeigen!

## 8  Behandeln Sie sich selbst wie einen geliebten Menschen

Wenn Sie sich das nächste Mal dabei ertappen, dass Sie negativ darüber sprechen, wer Sie sind oder was Sie getan haben, möchte ich, dass Sie diese Gedanken anhalten. Anstatt sie zu sich selbst zu sagen, möchte ich, dass Sie sich vorstellen, wie Sie sie zu jemandem sagen, den Sie lieben. Wie würden Sie sich fühlen, wenn Sie hören würden, dass jemand so zu Ihren Lieben spricht? Wenn Sie sich dadurch wütend oder verärgert fühlen, ist das die richtige Reaktion. Dies sollte Ihnen zeigen, dass negative Selbstgespräche auch nicht die richtige Art sind, mit sich selbst zu sprechen. Wenn Sie sich selbst kritisieren wollen, überlegen Sie, wie Sie jemanden, der Ihnen wirklich wichtig ist, kritisieren würden. Sie würden die Kritik konstruktiv und sanft formulieren, oder? Vielleicht würden Sie sich sogar die Zeit nehmen, denjenigen an seine Stärken zu erinnern. Stellen Sie sich vor, wie Sie diese konstruktive Kritik für jemand anderen formulieren und geloben Sie, sich selbst nur noch auf diese sanfte Art zu kritisieren.

Eine andere Alternative zu dieser Übung ist die Vorstellung, dass Ihr negatives Selbstgespräch an Ihr kindliches Ich gerichtet ist. Erinnern Sie sich daran, wie Sie aussahen, als Sie ein Kind waren? Ein Kleinkind sogar? Können Sie sich vorstellen, auf diese negative Weise zu diesem kleinen Kind zu sprechen? Ich wette, Sie würden sofort anfangen, sich schlecht zu fühlen. Noch mal: Formulieren Sie Ihre Kritik so, als würden Sie zu diesem kindlichen Ich sprechen. Dies ist die einzig richtige Art, sich selbst zu kritisieren.

# Kapitel fünf:
# Zerstörerische Muster durchbrechen

C o-abhängige Partner lassen sich viel vom anderen gefallen und manchmal gehören dazu auch viele destruktive Neigungen. Aufgrund des klammernden und hingebungsvollen Charakters von Co-Abhängigkeiten wird mit diesen Gewohnheiten und Mustern nur selten auf angemessene Weise umgegangen. Wenn das primäre Ziel darin besteht, den Partner zum Bleiben zu bewegen, egal was passiert, wird eine Menge problematisches Verhalten unter den Teppich gekehrt. Dann setzt die Verleugnung ein. Die Partner machen es sich in dem bestehenden Verhältnis zu bequem – so bequem, dass unglaublich ungesundes Verhalten zur Normalität werden kann. Die Chancen stehen gut, dass auch Ihre Beziehung voller schlechter Gewohnheiten ist, die es zu durchbrechen gilt. Vielleicht sind Sie sich ihrer Auswirkungen und der Rolle, die sie dabei spielen, dass Ihre Beziehung Schaden nimmt, nicht einmal bewusst. Egal, wie viel Arbeit Sie an Ihrer Geisteshaltung leisten; wenn Ihre Handlungen diese verbesserte Haltung nicht widerspiegeln, verfehlt dies den gesamten Zweck der Arbeit an sich selbst. Jetzt ist der beste Zeitpunkt, um Ihre destruktiven Muster abzulegen.

Sigmund Ambrosius

# Sechs Wege, intensive Eifersucht zu besiegen

Die anhängliche Natur einer co-abhängigen Beziehung bedeutet, dass beide Partner natürlich Angst davor haben, dass die andere Person sie verlässt. Dies kann oft zu intensiver Eifersucht führen. Einer oder beide Partner werden Menschen, die sie als potenzielle Liebhaber des anderen ansehen, mit erhöhter Aufmerksamkeit begegnen. Man kann nicht sagen, wer als „potenziellen Liebhaber" ausgemacht wird, aber in jedem Falle wird die eifersüchtige Person so viel Abstand wie möglich zwischen diesen und ihren Partner bringen. Wenn die Eifersucht auf Hochtouren läuft, kann dies dazu führen, dass sich beide Partner isolieren, denn nur so können sie sich vor Personen schützen, die sie eifersüchtig machen.

Wenn das Besitzdenken und die Eifersucht am schlimmsten sind, kann sich letztere auch auf absolut jeden erstrecken, der dem betreffenden Lebenspartner nahesteht. Das können Freunde und manchmal sogar die Familie sein. Der eifersüchtige Partner verspürt das intensive Bedürfnis, der Einzige zu sein, und möchte nicht, dass seine „besondere" Nähe in irgendeiner Weise Konkurrenz bekommt. Natürlich kann Eifersucht in jeder Form zu destruktivem Verhalten führen, wenn sie unkontrolliert bleibt. Während flüchtige Momente der Eifersucht normal sind, wird die Lage ernsthaft, wenn die Partner aufgrund ihrer Eifersucht anfangen, Maßnahmen zu ergreifen. Dabei kann es sich um alles Mögliche handeln, wie das Stalken dieser Person in den sozialen Medien oder der Versuch, die Zeit, die sie mit dem Partner verbringt, zu begrenzen.

Ersticken Sie Eifersucht im Keim, bevor sie Ihre Beziehung auseinanderreißt.

## 1 Was wäre, wenn Ihre Rollen vertauscht wären?

In Zeiten der Eifersucht versuchen wir im Wesentlichen zu erraten, wie sich unser Partner in diesem Moment fühlt. Wir verfügen nicht über Fakten, sondern nur über wilde Vermutungen, die durch unsere Unsicherheiten befeuert werden. Wir sind damit beschäftigt, uns unseren Partner als einen fernen „Anderen" vorzustellen, und vergessen darüber, dass das schreckliche Ergebnis, das wir uns ausmalen, gar nicht so viel Sinn ergibt.

Angenommen, Sie sind auf einer Party und es befindet sich eine attraktive Person im Raum. Sie vermuten, dass Ihr Partner sich zu ihr hingezogen fühlt und Ihr Geist wird von schrecklichen Gedanken heimgesucht, in denen er Sie für diese andere Person verlässt. Anstatt sich weiterhin dieses schreckliche Szenario vorzustellen, möchte ich, dass Sie sich ein umgekehrtes Szenario vorstellen. Was wäre, wenn sich eine attraktive Person im Raum befände, zu der Sie sich hingezogen fühlen? Was würde Ihnen dann durch den Kopf gehen? Wie wahrscheinlich wäre es, dass Sie in Erwägung ziehen würden, mit dieser Person durchzubrennen und Ihren Partner zu verlassen? Würden Sie Ihren Partner in diesem Moment sofort vergessen? Die Antwort ist wahrscheinlich nein. Realistisch ist eher, dass Sie diese attraktive Person für einen Moment wahrnehmen und dann mit Ihrem Leben weitermachen würden. So ist es wahrscheinlich auch für Ihren Partner. Wenn Sie sich das nächste Mal dabei ertappen, eifersüchtig zu sein, fragen Sie sich, wie Sie sich verhalten würden, wenn Ihre Rollen vertauscht wären.

## 2   Nutzen Sie Ihre große Vorstellungskraft zu Ihrem Vorteil

Eifersüchtige Menschen haben normalerweise eine fantastische Vorstellungskraft. Mit sehr wenigen Informationen können sie in ihre eigene kleine Welt abtauchen und sich das absolut schlimmste Ergebnis ausmalen. Wenn Sie sich das nächste Mal dabei ertappen, wie Sie sich das Schlimmste vorstellen, möchte ich, dass Sie das Gegenteil versuchen. Ich möchte, dass Sie Ihre Vorstellungskraft nutzen, um stattdessen an den bestmöglichen Fall zu denken. Es gibt keinen Grund, warum dieser unwahrscheinlicher sein sollte als das schlimmste Szenario! Wenn Ihr Partner eine attraktive Arbeitskollegin hat und Sie sich vorstellen, dass sie sich ineinander verlieben, während sie gemeinsam an einem Projekt arbeiten, dann halten Sie an dieser Stelle inne und drehen Sie die Situation um. Stellen Sie sich vor, dass Ihr Partner stattdessen diese Person ansieht und daran denkt, wie viel besser Sie aussehen. Das könnte der Moment sein, in dem er erkennt: „Wow, ich muss wirklich in meinen Partner verliebt sein, denn obwohl diese andere Person objektiv attraktiv ist, fühle ich mich nicht zu ihr hingezogen." Was, wenn Ihr Partner stattdessen die ganze Zeit über Sie spricht? Diese Szenarios sind genauso wahrscheinlich. Warum muss immer das Schlimmste eintreten?

## 3   Sprechen Sie mit Ihrem Partner

Manchmal gibt es keine bessere Lösung, als einfach darüber zu reden. Seien Sie ehrlich zu Ihrem Partner und sagen Sie ihm, wie Sie sich in Bezug auf diese andere Person fühlen. Eifersüchtige Menschen ziehen die schlimmsten Schlüsse, und erst wenn sie die Rückmeldung ihres Partners haben, erkennen sie, was für eine lächerliche Unterstellung das war. Ihr Partner kann Ihnen vielleicht klarmachen, dass er diese Person nicht angestarrt hat, weil er ein Auge auf sie hat, sondern weil er dachte, dass sie einem Verwandten sehr ähnlichsieht. Man weiß es nie, bis man es zur Sprache bringt. Ihr Partner wird Ihnen versichern, dass alles in Ordnung ist, und Sie werden Ihre Eifersuchtsgefühle schnell loswerden. Äußern Sie sich aber nur darüber, wenn Ihre Eifersucht Sie wirklich stört, und vermeiden Sie es, sie jedes Mal anzusprechen. Wann immer Sie können, sollten Sie versuchen, Ihre Gedanken allein zu verarbeiten. Verlassen Sie sich nicht darauf, dass Ihr Partner alles für Sie regelt.

### 4 Akzeptieren Sie, dass Anziehung normal ist

Sie könnten den treuesten Partner der Welt haben, der den Boden unter Ihren Füßen anbetet – selbst diese Person wird einige andere Menschen attraktiv finden. Wir sind einfach biologisch so veranlagt. Anziehung ist völlig normal. Sie können sie nicht aufhalten. So schwierig es auch ist, Sie müssen sich mit dieser Realität abfinden. Anstatt sich durch diesen menschlichen Impuls verletzt zu fühlen, sollten Sie versuchen, Ihre Psyche dahingehend zu verändern, dass Sie ihn als normale Erscheinung betrachten können. Jeder Mensch fühlt Anziehung. Anziehung ist nichts, wofür man sich entscheidet, es ist ein Gefühl wie jedes andere, so wie heiß, kalt, hungrig oder durstig. Gefühle der Anziehung sind nicht dasselbe wie Liebe und erst recht nicht dasselbe wie Fremdgehen. Solange sich Ihr Partner nicht respektlos verhält, gibt es keinen Grund, ihn zu bestrafen.

## 5 Erinnern Sie sich daran, dass Gefühle keine Handlungen sind

Eifersüchtige Menschen bekommen aufgrund von Anziehung Komplexe, so als wäre sie das Gleiche wie Fremdgehen oder Flirten – aber nichts könnte der Wahrheit ferner liegen. Wie wir im vorherigen Punkt festgestellt haben, ist Anziehung ein normaler Impuls. Wenn Sie an sich selbst Ärger gegenüber Ihrem Partner bemerken, weil er sich möglicherweise zu jemandem hingezogen fühlt, erinnern Sie sich daran, dass es sich dabei nicht um eine Handlung handelt, die er ausführt. Hunger zu verspüren ist nicht dasselbe wie ein Festmahl zu verschlingen. Durst zu verspüren ist nicht dasselbe wie einen Krug Bier hinunterzuschütten. Erinnern Sie sich daran, dass Ihr Partner nichts unternommen hat, also gibt es keinen Grund, sich aufzuregen oder eifersüchtig zu sein.

## 6 Erkennen Sie, dass Ihre Gefühle ein Spiegelbild von Ihnen sind, nicht von ihrem Partner

Was die Menschen nicht erkennen, ist, dass ihre Gefühle gegenüber anderen nicht die Realität der anderen widerspiegeln. Ihre Eifersucht ist in Wirklichkeit ein Spiegelbild Ihrer eigenen inneren Realität und Ihrer eigenen Unsicherheiten. Wenn Sie sich wünschen, größer zu sein, werden Sie auf große Menschen neidisch sein, obwohl Ihrem Partner dieser Umstand in Wirklichkeit völlig egal ist. Ein wichtiger Schritt, um Eifersucht zu besiegen, ist, sich mit dieser Tatsache abzufinden. Ihre Gefühle sagen mehr über Sie aus als über die anderen. Wenn Sie sich an einer Idee aufhängen, spiegelt das wahrscheinlich eher Ihre Unsicherheit wider als das tatsächliche Gefühl der Anziehung Ihres Partners gegenüber einer anderen Person.

# Wie man das Muster des narzisstischen Missbrauchs durchbricht

Wie wir in einem früheren Kapitel festgestellt haben, landen viele Narzissten in co-abhängigen Beziehungen. Narzissten freuen sich, wenn sie einen Zuhelfer finden, und leider finden viele von ihnen Gefallen daran, diesen dazu zu bringen, sich ihren Launen zu beugen. Wenn Sie sich derzeit in einer co-abhängigen Beziehung mit einem Narzissten befinden oder sich von einer solchen erholen, dann besteht die Möglichkeit, dass Sie unter narzisstischem Missbrauch gelitten haben. Bevor wir beginnen, das Muster zu durchbrechen, ist es wichtig, dass Sie verstehen, wie der narzisstische Kreislauf funktioniert:

## 1  STUFE EINS – Das Podest

Wenn ein Narzisst bekommt, was er will, oder mit der Art und Weise zufrieden ist, wie Sie ihn behandeln, wird er darauf reagieren, indem er Sie auf ein Podest stellt. In diesem Stadium kann es fast schwierig sein, zu glauben, dass der Narzisst wirklich ein Narzisst ist. Er kommt nett und liebevoll rüber, vielleicht sogar aufmerksam, während er sein Bestes tut, um seine dunkle Seite zu verbergen. Für eine kurze Zeit werden Sie sich obenauf fühlen, als würde Ihr narzisstischer Partner Sie wirklich wertschätzen. Es ist wichtig, sich daran zu erinnern, dass er nur so nett zu Ihnen ist, weil er bekommt, was er will. Sein Ziel ist es, Sie zu ermutigen, ihm weiterhin zu geben, was er will.

## 2  STUFE ZWEI – Der „Verrat"

Sobald der Narzisst nicht mehr *genau* seinen Willen bekommt, wird er Ihnen eine ganz andere Seite von sich offenbaren. Er fühlt sich dann vielleicht als Opfer, bedroht oder einfach nur beleidigt. Oftmals kann der Auslöser völlig harmlos erscheinen, obwohl Sie anfangen werden, jedes Mal dieselben Auslöser zu erkennen. Es kommt darauf an, was seine Überzeugung, dass er der Mittelpunkt der Welt ist, bedroht. Dies kann bei jedem Narzissten leicht variieren. Dieser empfundene Verrat wird ihn in den Angriffsmodus versetzen und kann zu viel verbalem Missbrauch, Lügen, Manipulation, Anschuldigungen und anderen Formen des emotionalen Missbrauchs führen. Hier zeigt sich der Narzisst von seiner schlechtesten Seite und versucht aktiv, die andere Person zu dominieren und in die Unterwerfung zu zwingen.

## 3 STUFE DREI – Der Verstoß

Wie der Narzisst in diesem Stadium handelt, hängt von der Reaktion ab, die er in Stufe zwei erhält. Wenn er es akzeptabel findet, wird er aufhören, sich aggressiv zu verhalten. Stattdessen kann es zu Psychospielchen kommen, wie etwa Sie mit Schweigen zu strafen. Ohne offenkundig aggressiv zu wirken, wird der Narzisst damit beginnen, den Boden für Stufe eins erneut zu bereiten. Wenn der Narzisst nicht damit zufrieden ist, wie Sie auf ihn reagiert haben (und manchmal kann man nicht sagen, was seine Unzufriedenheit auslöst), wird er Sie verstoßen, nur weil Sie sein schreckliches Verhalten nicht ertragen haben. Er wird das tun und Sie zugleich als den Bösewicht hinstellen, während er natürlich das Opfer ist. Es spielt keine Rolle, wie vernünftig Sie unter diesen Umständen sind, der Narzisst hat sich zu einem dramatischen Abgang entschlossen. Partner, die sich noch nicht an diesen Kreislauf gewöhnt haben, werden diese Phase als sehr herzzerreißend empfinden, da sie vielleicht denken, dass sie den Narzissten für immer verlieren.

## 4 STUFE VIER – Die Rückkehr

Wenn Sie dem Narzissten eine Chance geben, wird er zurückgekrochen kommen. Sobald er damit fertig ist, ein Drama zu verursachen, wird der Narzisst versuchen, so zu tun, als hätte er nie etwas Schreckliches getan oder gesagt. Er wird hoffen, dass auch Sie versuchen werden, die Sache auf sich beruhen zu lassen. Wenn Sie ihm verzeihen und ihm erlauben, mit seinen Taten davonzukommen, fangen Sie wieder bei Stufe eins an, und der Narzisst wird Sie wieder mit Zuneigung überhäufen. Diese letzte Stufe ist entscheidend, da sie darüber bestimmt, ob der Kreislauf weitergeht oder ob es von nun an endlich besser wird. An diesem Punkt sollte der Zuhelfer des Narzissten darüber nachdenken, einige echte Regeln aufzustellen.

Nachdem wir nun die vier Stufen des Narzissmus-Kreislaufs bestimmt haben, können wir endlich an den wesentlichen Lektionen arbeiten, die alle Zuhelfer lernen müssen.

## 1 Verstehen Sie, dass Sie dafür verantwortlich sind, den Kreislauf zu durchbrechen

In einem können Sie sich sicher sein: Wenn Sie die Art und Weise ändern wollen, wie sich dieser Kreislauf abspielt, liegt es an Ihnen, Maßnahmen zu ergreifen und Verbesserungen zu fordern. Der Narzisst wird von sich aus nichts verändern. Er wird den gleichen Weg weitergehen, weil es für ihn so immer funktioniert hat. Er verfügt nicht über genug Einfühlungsvermögen, um sich um Ihretwillen zu ändern. Seine Priorität ist es, zu bekommen, was er will, und er wird glauben, dass dies der richtige Weg ist – bis Sie ihm zeigen, dass es so nicht mehr funktioniert. Der Narzisst wird sich nicht ändern – also müssen Sie es tun.

## 2 Geben Sie sich niemals selbst die Schuld

Auch wenn Ihre Forderungen dafür zuständig sind, den Kreislauf zu durchbrechen, bedeutet das nicht, dass Sie sich die Schuld geben sollten, wenn es schiefgeht. Wenn Ihr Narzisst ein missbräuchliches Verhalten an den Tag legt, ist es niemals Ihre Schuld. Ziehen Sie ihn für seine Entscheidungen zur Verantwortung. Sobald Sie die Schuld für etwas auf sich nehmen, das nicht in Ihrer Verantwortung liegt, wird der Narzisst das Gefühl haben, dass er gewonnen hat. Er wird sich in diesem Moment siegreich fühlen, und schlimmer noch: Dies wird ihn ermutigen, sich auch in Zukunft danebenzubenehmen. Wenn er weiß, dass Sie sich die Schuld geben und ihn ungeschoren davonkommen lassen, wird er diesen verhängnisvollen Weg weitergehen. Wenn er die Entscheidung getroffen hat, sollte er allein die Schuld dafür tragen.

## 3 Geloben Sie, dass jeder Verstoß geahndet wird

Denken Sie immer daran, dass Narzissten nur ihren Willen durchsetzen wollen. Bringen Sie ihnen bei, dass Missbrauch nur das Gegenteil bewirken wird. Wann immer der Narzisst etwas Verletzendes tut oder sagt, bestrafen Sie ihn, indem Sie sich aus der Situation zurückziehen. Bevor Sie das tun, lassen Sie ihn wissen, dass Sie wütend sind und dass Sie in keiner Weise mit ihm kooperieren werden, wenn er zu Missbrauch greift. Zeigen Sie ihm, dass Sie nicht mehr mitmachen, sobald es zu Beschimpfungen kommt. Der Rückzug aus der Situation ist normalerweise die beste Vorgehensweise, da manche Narzissten Freude an großen Gefühlsausbrüchen finden. Diese zeigen ihm, dass Sie die Sache nicht kalt lässt, und er könnte diese Emotionen gegen Sie verwenden. Auch wenn der Narzisst nur etwas leicht Beleidigendes sagt, wird er bald lernen, dass selbst das inakzeptabel ist, wenn Sie ihm nicht mehr erlauben, damit durchzukommen.

## 4 Stellen Sie ihren Partner bei allem zur Rede

Achten Sie anhand des oben beschriebenen Narzissmus-Kreislaufes darauf, in welchem Stadium sich Ihr Narzisst gerade befindet. Wann immer Sie bemerken, dass er eine Machtdemonstration beginnt oder versucht, die Situation in irgendeiner Weise zu manipulieren, sprechen Sie ihn darauf an. Das ist für den Narzissten frustrierend, weil er immer glaubt, dass er die Menschen um ihn herum überlistet. Wenn Sie ihn wissen lassen, dass Sie sich seiner Taktik bewusst sind, wird ihm das zeigen, dass seine üblichen Methoden nicht funktionieren. Indem Sie ihn auf seine manipulative Art hinweisen, können Sie ihn dazu bringen, ehrlicher zu Ihnen zu sein.

## 5 Verstehen Sie, dass sich Stufe zwei nicht vermeiden lässt

Leider gibt es keine Möglichkeit, den empfundenen Verrat zu vermeiden, wenn Sie es mit einem Narzissten zu tun haben. Es sei denn, Sie haben vor, ihn jederzeit tun zu lassen, was er will. Sie können sich zwar nicht von seinen starken Emotionen fernhalten, aber Sie können ihm helfen, bessere Methoden zu finden, um diese Emotionen auszudrücken. Idealerweise sollten diese verbesserten Me-

thoden keine Form des Missbrauchs beinhalten. Wenn der
Narzisst einen schlechten Tag hat, dann tun Sie immer,
was Sie können, um sich vor den Auswirkungen der zwei-
ten Stufe zu schützen. Wenn Sie sich in einer fragilen Lage
befinden, sollten Sie eventuell für eine Weile weggehen
und Ihr Telefon ausschalten. Oder vielleicht meditieren
Sie, bevor Sie sich entscheiden, mit ihm zu sprechen.

## 6  Führen Sie in Stufe vier stärkere Grenzen ein

Der Narzisst hat in Stufe drei etwas Zeit, sich zu beruhigen. Wenn Stufe vier eintritt, sollten Sie versuchen,
stärkere Grenzen zu setzen. Dies ist die Phase, in der der
Kreislauf endet und wieder von vorne beginnt. Wenn Sie
ein gesünderes Verhältnis schaffen wollen, machen Sie
dies dem Narzissten klar, wenn sich die Aufregung nach
dem Drama endlich gelegt hat. An diesem Punkt ist es
am wahrscheinlichsten, dass der Narzisst aufnahmefähig
für Ihre Worte ist. Wenn Sie sich nicht sicher sind, welche
Grenzen Sie setzen sollten, überlegen Sie sich folgende
Fragen: Was war dieses Mal der Auslöser? Welche missbräuchlichen oder ungesunden Reaktionen hat er gezeigt,
als er sich aufgeregt hat? Wodurch haben Sie sich am
meisten verletzt gefühlt? Ziehen Sie Grenzen bezüglich
seines missbräuchlichen Verhaltens und besprechen Sie
gesündere Möglichkeiten, seine Beschwerden vorzubrin-
gen. Stellen Sie klar, welche Verhaltensweisen Sie in Stufe
zwei inakzeptabel finden, und sagen Sie deutlich, dass es
beim nächsten Mal Konsequenzen geben wird.

## 7  Machen Sie sich bewusst, dass Anhänglichkeit
   oder Abhängigkeit nicht dasselbe ist wie Liebe

Wenn Sie eine Beziehung mit einem missbräuchlichen
Narzissten führen, sollten Sie in Erwägung ziehen, profes-

sionelle Hilfe zu suchen oder sich aus der Situation zu befreien, vor allem wenn Sie glauben, dass Ihr emotionales Wohlbefinden auf dem Spiel steht. Wenn der Narzisst sich nicht dazu verpflichtet, sein Verhalten zu verbessern, ist es sehr unwahrscheinlich, dass er sich dauerhaft zum Besseren ändert. Zuhelfer bleiben oft bei ihren narzisstischen Partnern, da sie überzeugt sind, dass der Narzisst sich ändern wird, wenn sie nur ein bisschen länger dranbleiben. Leider führt dies nur zu einer Menge verschwendeter Zeit und noch mehr verletzten Gefühlen. Die Zuhelfer werden immer behaupten, dass sie eine tiefe Liebe für den Narzissten empfinden – und in manchen Fällen mag das auch stimmen –, aber meistens sind sie einfach vom Narzissten abhängig. Es ist wissenschaftlich erwiesen, dass zwischenzeitliche Bestärkung (der Kreislauf, Liebe zu zeigen, sie zu entziehen und sie dann zurückzugeben) Gefühle erzeugt, die eine Sucht nachahmen. Oft sind Zuhelfer so süchtig nach dem Achterbahn-Kreislauf des Narzissten, dass sie diese Bindung mit Liebe verwechseln. Es ist äußerst wichtig, dass Sie zwischen diesen beiden verschiedenen Gefühlen unterscheiden.

# Die zehn schrecklichen Gewohnheiten, die Sie sofort aufgeben müssen

### 1 Ihren Partner zu fragen, wo er sich gerade aufhält

Es ist normal, sich bei seinem Partner zu melden, aber viele Co-Abhängige treiben dies auf die Spitze. Stündlich oder alle paar Stunden hat das co-abhängige Paar das Bedürfnis, den Partner zu fragen, wo er ist. Gegenüber dem, wie nicht-abhängige Paare sich nach dem Befinden des anderen erkunden, unterscheidet sich dieses Verhalten in der Häufigkeit, mit der es geschieht, und in der Haltung dahinter. Wenn co-abhängige Partner sich beieinander melden, steckt meist eine gewisse Besorgnis dahinter. Sie sind nicht nur neugierig, sondern sie *müssen* es wissen. Wenn Sie das nächste Mal von Ihrem Partner getrennt sind, sollten Sie zumindest versuchen, sich nur alle vier oder fünf Stunden bei ihm zu melden.

## 2 In das Handy Ihres Partners zu schauen

Erstaunlich viele Menschen machen sich des Schnüffelns im Telefon ihres Partners schuldig. Es ein- oder zweimal getan zu haben, ist keine große Sache, aber es sollte *nie* zur Gewohnheit werden. Wenn Sie die Geräte Ihres Partners durchsuchen müssen, um sich beruhigt zu fühlen, muss an Ihrer Beziehung viel gearbeitet werden. Wenn eine der beiden Personen besorgt oder ängstlich ist, sollte die Lösung immer darin bestehen, es gegenüber dem Partner anzusprechen, damit Sie auf einer Vertrauensbasis zusammenarbeiten können. Wenn Sie das nicht können, sollten Sie lernen, sich von diesen Gefühlen zu lösen, indem Sie die entsprechenden Mittel entwickeln, durch die Sie den nötigen Abstand gewinnen. Das Schnüffeln im Telefon eines anderen ist eine Verletzung der Privatsphäre, egal wie diskret Sie vorgehen. Ein wichtiger Schritt, um die Co-Abhängigkeit zu durchbrechen, ist, zu lernen, die Privatsphäre des anderen zu respektieren. Hören Sie auf herumzuschnüffeln!

## 3 Ihren Partner zu jedem Treffen mit Freunden einzuladen

Es ist absolut nichts falsch daran, Ihren Partner in Ihren Freundeskreis einzubeziehen. Dabei werden wahrscheinlich sogar einige der schönsten Momente entstehen, die man zusammen verbringen kann. Doch egal, wie viel Spaß es Ihnen bereitet, Sie sollten immer darauf achten, dass Sie auch etwas Zeit nur mit Ihren Freunden verbringen. Damit glückliche und erfüllende Freundschaften weiterbestehen, sollte die ursprüngliche Bindung gepflegt werden – und dazu gehört nicht Ihr Partner. Ihre Freunde sagen es Ihnen vielleicht nicht, aber auch sie wünschen sich, Sie manchmal für sich allein zu haben. Das Verhältnis ändert sich, sobald der Lebensgefährte im Raum ist, und obwohl diese Interaktion immer noch Spaß machen kann, gibt es nichts Besseres, als gemeinsame Zeit so zu verbringen, wie es früher einmal war. Eine gute Möglichkeit, ein gesundes Maß an Unabhängigkeit zu bewahren, ist die Pflege Ihrer Beziehungen und Freundschaften, sowohl mit als auch ohne Ihren Partner.

## 4 Sofort alles für Ihren Partner stehen und liegen zu lassen

Es gibt Zeiten, in denen es vollkommen akzeptabel ist, alles für Ihren Partner stehen und liegen zu lassen. Wenn er einen Notfall hat, dann gehen Sie ihm unbedingt helfen – aber geben Sie Ihr Leben nicht für weniger auf, außer in seltenen Fällen. Wenn Sie einen Tag mit wichtigen Meetings vor sich haben und Ihr Partner traurig ist, warten Sie, bis Sie mit Ihren Verpflichtungen fertig sind. Traurig sein ist kein Notfall. Ihr Partner sollte in der Lage sein, seine Emotionen für ein paar Stunden in den Griff zu bekommen. Wenn Sie vorhaben, zur Geburtstagsfeier eines Freundes zu gehen, Ihr Partner aber erkältet ist, sagen Sie Ihre ursprünglichen Pläne nicht ab! Wenn wir uns angewöhnen, unsere Verpflichtungen für unseren Partner aufzugeben, dann signalisieren wir, dass nichts und niemand anderes wichtig ist. Das ist eine höchst destruktive Haltung, die in anderen Bereichen Ihres Lebens zu viel Bedauern führen wird. Lassen Sie Ihrer beruflichen und persönlichen Entwicklung genauso viel Bedeutung zukommen wie Ihrem Partner.

## 5 Zu erwarten, dass Ihr Partner Sie immer aufmuntert

Wir können Gefühle von Traurigkeit, Frustration oder sogar Depression nicht vermeiden. Während dieser Tiefpunkte kann unsere Beziehung eine große Quelle der Erleichterung und des Glücks sein. Wenn Ihr Partner in einem Moment der Traurigkeit etwas Besonderes für Sie tut, sollte dies als Bonus betrachtet werden, nicht als Notwendigkeit. Außer wenn Ihr Partner einen Fehler gemacht hat, für den er sich entschuldigt, sollte es niemals die Aufgabe Ihres geliebten Menschen sein, dafür zu sorgen, dass Sie sich besser fühlen. Es ist angebracht, zu erwarten, dass er Rücksicht auf uns nimmt, aber mit unserer inneren Unruhe müssen wir selbst fertig werden, niemand anders ist dafür verantwortlich. Ein wesentliches Zeichen von Co-Abhängigkeit ist die Erwartung, dass unsere Partner alles für uns in Ordnung bringen werden. Es ist wichtig, dass Sie das nötige Handwerkszeug lernen, um mit Ihren Problemen selbst umzugehen. Ihr Partner hat seine eigenen Probleme, mit denen er oder sie umgehen muss.

## 6 Zu sagen, dass es Ihnen „gut" geht, wenn das nicht der Wahrheit entspricht

Wenn Sie versuchen, aus der Co-Abhängigkeit auszusteigen, müssen Sie lernen, ehrlich mit Ihrem Partner zu reden. Hören Sie auf, alles unter den Teppich zu kehren. Das bedeutet nicht, dass es zu einem großen Eklat kommen muss oder eine große Sache aus allem gemacht werden muss; es bedeutet nur, dass Sie ehrlich sein müssen, wenn Sie etwas stört. Wenn wir unsere Gefühle abtun, riskieren wir, dass sich problematisches Verhalten fortsetzt. Außerdem besteht die Möglichkeit, dass wir auf lange Sicht einen Groll oder Unzufriedenheit entwickeln. Beides wirkt sich negativ auf Ihre Beziehung aus. Für eine gesunde und glückliche Beziehung sollten Sie lernen, auf konstruktive und offene Weise über Ihre Gefühle zu sprechen. Eine gute Faustregel ist es, „Ich fühle"-Aussagen statt Anschuldigungen zu verwenden. Das heißt, Sie sagen „Ich fühle mich verletzt über das, was du gesagt hast" statt „Was du gesagt hast, war verletzend."

## 7  Häufige Verhöre

Jedes Mal, wenn wir unsere Partner einem Verhör unterziehen, zeigen wir, dass wir ihnen nicht völlig vertrauen. Wenn Sie aufgrund eines vergangenen Traumas Probleme haben, zu vertrauen, gibt es einen Weg, sich von Ihrem Partner beruhigen zu lassen, ohne auf Verhöre zurückzugreifen. Anstatt Ihrem Partner hundert emotional aufgeladene Fragen zu stellen, versuchen Sie zu sagen, dass Sie sich unsicher fühlen und er Sie beruhigen soll. Dies ist eine ehrlichere Herangehensweise an die Situation und eine viel freundlichere Art, sich zu verhalten. Wenn wir unsere Partner verhören, erzeugt das in ihnen Angst, egal ob sie etwas falsch gemacht haben oder nicht. Vergessen wir nicht, dass Verhöre dazu gedacht sind, einzuschüchtern – um eine Antwort zu erzwingen, indem man jemanden dazu drängt, sich zu unterwerfen. Wenn Sie ein gesundes Verhältnis zu Ihrem Partner haben wollen, lassen Sie alle Einschüchterungs- oder Abschreckungstaktiken weg. Sie würden Ihrem Partner nur Angst vor Ihnen machen und könnte sich negativ auf Ihre Beziehung auswirken. Lernen Sie, stärkeres Vertrauen aufzubauen oder sanftere Wege zu finden, um die Antwort zu bekommen, die Sie brauchen.

## 8  Ihren Partner im Internet zu stalken

Es ist kein Geheimnis, dass Vertrauen für den Aufbau einer starken Beziehung unerlässlich ist. Aus demselben Grund, aus dem Sie nicht im Handy Ihres Partners schnüffeln oder ihn ausfragen sollten, sollten Sie auch dem Drang widerstehen, ihn online zu stalken. Menschen, die dies tun, überprüfen häufig die Social-Media-Seiten ihres Partners und halten sich über seine neuesten „Likes", Kommentare und geteilte Inhalte auf dem Laufenden. Diese moderne Angewohnheit, den Partner im Auge zu behalten, kann leicht zur Besessenheit werden und zu Verdächtigungen oder Verärgerung über nichts führen. Viele Co-Abhängige lassen sich auf dieses Verhalten ein, ohne an die tieferen Auswirkungen zu denken. Geben Sie die Gewohnheit auf, das Verhalten Ihres Partners zu überwachen. Sprechen Sie Ihre Probleme ihm gegenüber an oder lernen Sie, loszulassen.

## 9  Ihren Partner zum Thema eines jeden Social-Media-Posts zu machen

Es gibt viele Anzeichen für Co-Abhängigkeit, die in der heutigen Zeit einzigartig sind, und dieses ist eines davon. Wenn fast jeder Beitrag in Ihren sozialen Medien Ihren Partner betrifft, dann ist das ein großes Zeichen dafür, dass Ihre Identität in hohem Maße von ihm abhängig ist.

Wie wir bereits festgestellt haben, ist eine Identität, die sich nur um eine andere Person dreht, ein Schlüsselsymptom für Co-Abhängigkeit. In einer gesunden Beziehung sollte das eigene Selbstverständnis außerhalb der Beziehung klar definiert sein. Interessen, Hobbys, Meinungen, Vorlieben und Abneigungen sollten nicht von der anderen Person in der Beziehung abhängig sein. Wenn Sie auf der Suche nach einer Gewohnheit sind, die sich auf einfache Art ablegen lässt, dann versuchen Sie es mit dieser. Nutzen Sie Ihren Social-Media-Auftritt aus, ohne dass er so eng mit Ihrer Beziehung verbunden ist.

## 10  Ihrem Partner bei den alltäglichen Aufgaben eines Erwachsenen zu helfen

Wenige andere schlechte Angewohnheiten schreien so sehr nach „Co-Abhängigkeit" wie diese. Es ist völlig normal, Ihrem Partner hin und wieder zu helfen, vor allem, wenn Sie ein wenig freie Zeit haben, aber machen Sie es nicht zur Gewohnheit, wenn er nicht im Gegenzug etwas Ähnliches für Sie tut. Wenn Sie Zeit übrighaben, um Ihrem Partner ein Lunchpaket zu machen, warum nicht? Haben Sie es sich zur Routine gemacht, das Mittagessen einzupacken, und Ihr Partner kocht jeden Abend das Abendessen? Das klingt nach einer tollen Aufgabenteilung. Aber wenn Sie jeden Tag das Pausenbrot bereiten und nichts zurückbekommen, dann handelt es sich schlicht und einfach um co-abhängiges Verhalten. Achten Sie bei allem, was Sie tun, darauf, dass Sie Ihren Partner niemals wie ein kleines Kind behandeln. Erledigen Sie keine Aufgaben für ihn, die alle anderen Erwachsenen für sich selbst tun. Wenn Sie es tun können, kann es Ihr Partner auch. Es ist an der Zeit, Ihren Partner als den Erwachsenen zu behandeln, der er ist.

Ob Sie es glauben oder nicht, bei destruktivem und dysfunktionalem Verhalten geht es nicht nur um Missbrauch. Es kann auch aus kleinen, alltäglichen Gewohnheiten bestehen, die auf den ersten Blick harmlos erscheinen. Im Laufe der Zeit zermürben sie jedoch das Vertrauen und die Bindung in einer Beziehung. Beginnen Sie, diese schädlichen Zwänge zu beseitigen, um Raum für Wachstum zu schaffen.

# Kapitel sechs: Strategien zur Loslösung

Hinter jeder Co-Abhängigkeit verbirgt sich ein ungesundes Maß an Anhänglichkeit. Die Partner haben ihre Identitäten zu einer verschmolzen, bis zu dem Punkt, an dem sie nicht mehr das Gefühl haben, eine eigene Identität außerhalb ihrer Beziehung zu besitzen. Das Ironische daran ist, dass Anhänglichkeit normalerweise durch den Versuch entsteht, eine einzigartige Identität zu schaffen. Wir entfernen uns jedoch nur weiter von diesem Ziel, da diese neue Identität so sehr mit der eines anderen verwoben ist.

Nicht alle co-abhängigen Partnerschaften weisen gänzlich destruktive Tendenzen auf, aber eine heftige Anhänglichkeit ist für die beteiligten Personen nicht weniger schädlich. Um die Co-Abhängigkeit zu durchbrechen, müssen beide Partner lernen, sich auf gesunde Art voneinander loszulösen. Ein gesunder Abstand lässt immer noch Erwartungen und die Bindung aneinander zu, beseitigt aber das Gefühl der Verzweiflung und Hilflosigkeit. Co-abhängige Menschen finden diese Idee oft einschüchternd, weil sie glauben, dass Co-Abhängigkeit gleichbedeutend mit Liebe ist – aber sobald sie dieses Verhaltensmuster durchbrechen, fühlen sie sich sofort befreit. Liebe, die aus einem Wunsch statt aus einer Notwendigkeit heraus entsteht, ist für alle Beteiligten viel erfüllender. Um herauszufinden, wie sich das anfühlt, nutzen Sie diese Strategien zur Loslösung, um eine stärkere Beziehungsdynamik zu erreichen.

# Neun großartige Gewohnheiten, die die Heilung von Co-Abhängigkeit einleiten

Sie wissen alles über die schlechten Gewohnheiten, die durchbrochen werden müssen – jetzt ist es an der Zeit, Ihnen von den großartigen Gewohnheiten zu erzählen, die diese ersetzen sollten. Wenden Sie diese neuen Praktiken in Ihrem täglichen Leben an, um einen gesunden Abstand zu Ihrem Partner zu bekommen. Indem Sie diese neuen Methoden in Ihre Beziehungsdynamik einbeziehen, werden Sie sofort anfangen, sich weniger co-abhängig zu fühlen.

## 1 Antworten Sie, statt nur zu reagieren

Aufgrund vergangener Traumata haben einige von uns bestimmte Reaktionen fest in unserem Kopf verankert. Ohne überhaupt darüber nachzudenken, können wir uns dabei ertappen, wie wir diesen Impulsen aus reiner Gewohnheit nachgeben. Wenn Sie zum Beispiel in der Vergangenheit betrogen wurden, kann es für Sie einen Trigger darstellen, wenn Ihr jetziger Partner einen engen Freund des anderen Geschlechts hat. Wann immer Ihr Partner erwähnt, dass er sich mit diesem trifft, fühlen Sie sich vielleicht sofort betrogen und sind wütend, auch wenn Sie keinen Grund dazu haben. Eine gute Faustregel, um unnötige Aufregung zu vermeiden, ist, den Impuls zu unterbrechen, bevor er die Kontrolle übernimmt. Anstatt einfach aus Gewohnheit zu reagieren, nehmen Sie sich die Zeit, Ihrem Partner wirklich zuzuhören. Überlegen Sie, ob das, was er sagt, tatsächlich unvernünftig ist oder ob Sie nur von schlechten Erinnerungen überwältigt werden.

Reagieren Sie auf das, was Ihr Partner Ihnen im Hier und Jetzt sagt, statt auf etwas, das in der Vergangenheit passiert ist.

## 2 Erfüllen Sie sich Ihre Wünsche und Bedürfnisse

Verlieren Sie sich nicht in Ihrer Beziehung. Wenn es Interessen oder Hobbys gibt, die nach Ihnen rufen, warum dann nicht Ihrer Neugierde nachgeben? Stillen Sie neuen Wissensdurst und erforschen Sie auch weiterhin Ihre etablierten Interessen. Hören Sie auf, Ihre Wünsche, Bedürfnisse, Neugierde, Vorlieben und Abneigungen zu unterdrücken. Pflegen und fördern Sie alles, was Sie ausmacht. Das stärkt Ihr Selbstwertgefühl und stellt sicher, dass Ihre Identität immer noch ganz Ihnen gehört, auch wenn Sie sich in einer intimen Beziehung befinden. Unterschiedliche Bedürfnisse und Wünsche zu haben, ist nicht nur um der Sache willen gut; es erlaubt beiden Partnern, in getrennte Welten zu flüchten, sodass sie sich immer daran erinnern können, was sie einzigartig macht. Auf diese Weise verlieren sie nie ihren Lebenssinn und bleiben fest mit dem verbunden, was sie im Inneren ausmacht.

## 3 Persönlicher Freiraum sollte nicht verhandelbar sein

*Versuchen* Sie nicht nur, manchmal persönlichen Freiraum zu bekommen; Sie müssen den persönlichen Freiraum zu einer nicht verhandelbaren Bedingung machen. Legen Sie einen Tag oder eine Zeit fest, an dem Sie den Freiraum haben, zu tun, was Sie wollen – natürlich ohne Ihren Partner. Hören Sie auf, persönlichen Freiraum als abschreckende Idee zu sehen, und fangen Sie an, ihn als absolut essenziell für die langfristige Aufrechterhaltung Ihres Glücks zu erkennen. Sehen Sie ihn als ein Muss an. Selbst wenn Sie glauben, dass Sie Ihren Partner vermissen werden, ist das kein Grund, zu klammern und nie loszulassen. Warum sollten Sie erst warten, bis Sie die Person satthaben, bevor Sie sich Ihren persönlichen Freiraum nehmen? Jemanden zu vermissen, den man später wiedersehen wird, bereitet unglaublich viel Freude. Es zeigt, dass die Liebe und die Spannung noch lebendig sind. Indem Sie persönlichen Freiraum zu einem zentralen Bestandteil Ihres Lebensstils machen, stellen Sie sicher, dass diese Liebe und Spannung lebendig bleibt und nicht verpufft. Tun Sie, was Ihnen Spaß macht, und geben Sie sich gegenseitig Raum zum Atmen. Das wirkt Wunder für jede Beziehung.

## 4  Seien Sie bereit, für Ihre Handlungen Verantwortung zu übernehmen

Sobald Sie dies tun, schaffen Sie innerhalb der Beziehung eine Atmosphäre der Ehrlichkeit, Bescheidenheit und des Mutes. Für unsere Handlungen verantwortlich zu sein und zuzugeben, wenn wir einen Fehler gemacht haben, kann schwierig sein – aber das sollte es nicht. Wenn wir es vermeiden, Verantwortung zu zeigen, versuchen wir im Wesentlichen zu sagen, dass wir machtlos sind und uns alles einfach passiert – dass es nicht unsere Schuld ist, weil wir keinen Einfluss auf die Situation haben. Warum soll das eine gute Sache sein? Wenn wir machtlos sind, können wir keine Maßnahmen ergreifen, um die Dinge zu verbessern. Wir werden zu Sklaven der Umstände und der Launen anderer Menschen. Deshalb ist es so befreiend, Verantwortung zu zeigen. Sie erkennen Ihren Einfluss und Ihre Kontrolle, und damit erkennen Sie auch Ihre Fähigkeit, die Dinge zu verbessern. Wenn ein Partner sich angewöhnt, Verantwortung zu übernehmen und zu seinen

Fehlern zu stehen, gewöhnt sich der andere Partner (vorausgesetzt, er ist kein Narzisst) daran, dasselbe zu tun. Ein Paar, bei dem jeder Partner die Verantwortung für seine eigenen Handlungen übernimmt, ist ein starkes Paar. Es gibt deutlich weniger Ärger und Frustration in der Beziehung. Anstelle von unnötigen Schuldzuweisungen und Unzufriedenheit kann man sich endlich auf Lösungen konzentrieren. Wenn Sie das nächste Mal einen Fehler machen, sagen Sie Ihrem Partner, dass Sie ihn eingesehen haben, dass es Ihnen leidtut und dass Sie es beim nächsten Mal besser machen wollen. Schieben Sie sich nicht gegenseitig die Schuld zu.

## 5  Weisen Sie Ihren Partner auf sein ungesundes Verhalten hin

Genauso wie Sie für Ihre Handlungen verantwortlich sein sollten, sollte dies auch Ihr Partner sein. Manchmal ist es nicht leicht, zu erkennen, dass wir einen Fehler gemacht haben, besonders wenn bestimmte Verhaltensweisen zur Routine geworden sind. In diesem Fall ist es sehr wichtig, den Partner sanft darauf aufmerksam zu machen. Wenn er es nicht weiß, wie kann er sich dann in Zukunft besser verhalten? Wenn Sie bemerken, dass Ihr Partner ein ungesundes oder sogar selbstzerstörerisches Verhalten an den Tag legt, gewöhnen Sie sich an, ihn sofort darauf aufmerksam zu machen. Es ist zudem wichtig, dass Sie dies konstruktiv und auf freundliche Weise tun. Wenn Sie wütend und ausfallend sind, ist es wahrscheinlich, dass er negativ darauf reagiert, was die Entwicklung der Beziehung weiter behindern wird. Wenn Ihr Partner anfängt, Ihnen Schuldgefühle einzureden, weil Sie Zeit mit Ihren Freunden verbringen wollen, sprechen Sie dieses co-abhängige Verhalten an. Sagen Sie: „Schatz, ich hatte das Gefühl, dass du mir Schuldgefühle machen wolltest, weil ich mich mit meinen Freunden treffe, und es beunruhigt mich, dass wir wieder zu unserem co-abhängigen Verhalten zurückkehren. Wie können wir das das nächste Mal besser machen? Ich fände es toll, wenn wir eine Lösung finden könnten, damit ich etwas Zeit mit meinen Freunden verbringen kann. Es ist wichtig für mich, dass ich sie ab und zu sehe." Sehen Sie, das ist doch nicht so schwer, oder?

## 6 Bestimmen Sie Ihre persönlichen und beruflichen Ziele

Bewahren Sie sich ein starkes Selbstwertgefühl, indem Sie weiterhin wachsen und sich entwickeln. Wenn Sie das Gefühl haben, dass Sie stagnieren oder dass Ihre Beziehung Sie aufgezehrt hat, nehmen Sie sich Zeit, sich hinzusetzen und darüber nachzudenken. Oftmals verlieren wir die Orientierung, weil wir unsere Wünsche und Ziele nicht erkannt haben. Denken Sie darüber nach, was Sie in der nahen und fernen Zukunft erreichen möchten, und unterteilen Sie diese Ziele dann in erreichbare Schritte. Es können berufliche Ziele, persönliche Ziele oder auch beides sein. Gibt es eine Fähigkeit, die Sie gerne weiter ausbauen würden? Ein neuer Meilenstein, den Sie gerne erreichen würden? Möchten Sie ab- oder zunehmen? Gibt es ein künstlerisches Meisterwerk, das Sie vollenden oder zumindest in Angriff nehmen möchten? Es gibt zahlreiche Ziele, die Sie sich für Ihr Leben setzen können. Wählen Sie etwas, das Spannung und Freude in Ihnen entfacht. Wenn wir uns selbst Ziele setzen, wird es viel einfacher, Co-Abhängigkeit zu vermeiden, da wir instinktiv versuchen, unsere eigenen Ziele zu erreichen. Sie geben uns etwas, nach dem wir streben können, das sich ganz auf unser eigenes Leben bezieht und nicht direkt mit unserem

Partner verbunden ist. Stellen Sie sicher, dass Sie sich immer Ziele setzen, auch wenn es kleine Ziele sind.

## 7  Holen Sie sich die Meinung eines Außenstehenden ein

Bei den extremsten Formen der Co-Abhängigkeit scheuen beide Partner davor zurück, mit anderen Menschen über ihre Probleme zu sprechen, vor allem über solche, die ihre Beziehung betreffen. Sie haben eine so intensive Nähe zu ihrem Partner entwickelt, dass sie das Gefühl haben, niemanden sonst zu brauchen. Leider bedeutet das auch, dass sie niemanden haben, dem sie sich anvertrauen können, wenn in der Beziehung berechtigte Fragen oder Probleme auftauchen. Die Perspektive eines Außenstehenden kann sehr hilfreich sein, besonders wenn es sich um einen engen Freund oder ein Familienmitglied handelt. Achten Sie darauf, dass weder Sie noch Ihr Partner sich vor den Personen um sie herum, die Ihnen Unterstützung bieten können, verschließt. Diese werden in der Lage sein, zu erkennen, wenn Ihre Co-Abhängigkeit zu schädlich wird. Lernen Sie, dies als hilfreiches Feedback anzusehen und nicht nur als etwas Unangenehmes, das Sie lieber nicht hören möchten. Wenn wir zu nah an einer Situation dran sind, kann es schwierig sein, den Tatsachen ins Auge zu blicken. Verlassen Sie sich darauf, dass Ihre Freunde und Familie Ihnen sagen, was Sie hören müssen. Machen Sie es sich zur Gewohnheit, sich bei anderen zu melden und Ihre Verbindungen nach außen zu pflegen.

## 8  Sagen Sie öfter „Nein"

Es herrscht der große Irrglaube, dass, wenn wir jemanden lieben, wir ihn tun lassen sollten, was er will. Hoffentlich haben Sie inzwischen erkannt, dass dies der falsche Weg ist. Niemals „Nein" zu Ihrem Partner zu sagen, ist einer der Schlüsselfaktoren, die zu Co-Abhängigkeit führen können. Es bedeutet im Wesentlichen, dass Sie Ihrem Partner keine Grenzen setzen. Wenn Sie sich angewöhnen, „Nein" zu Ihrem Partner zu sagen, setzen Sie sich für Ihre Bedürfnisse und Wünsche ein und zeigen damit, dass diese genauso wichtig sind wie die Ihres Partners. Es ist nicht grausam, „Nein" zu sagen, denn oft kann die Tendenz, sich wie ein Fußabtreter zu verhalten, bei co-abhängigen Partnern zu einer stillen Verachtung führen. Indem Sie Grenzen setzen, stellen Sie sicher, dass Sie sich nie selbst erschöpfen, weil Sie mehr von sich geben, als Sie haben. Auf lange Sicht bedeutet das, dass Sie sich glücklicher und erfüllter fühlen und viel eher bereit sind, ein guter Partner zu sein. Die Freundlichkeit, die Sie Ihrem geliebten Menschen entgegenbringen, wird aus echter Liebe geboren und nicht aus Notwendigkeit und Verpflichtung.

## 9  Lösen Sie Probleme gemeinsam

Wenn jemand in einer Beziehung einen Fehler macht, neigen Menschen dazu, den Prozess zur Lösungsfindung zu stark zu vereinfachen. Sie neigen dazu, zu denken: „Du hast den Fehler gemacht, also solltest du ihn beheben. Finde eine Lösung und melde dich, wenn die Dinge besser sind." Wir überlassen es der Person, die den Fehler gemacht hat, eine Lösung vorzulegen. Viele Paare glauben, das sei fair, doch das ist es bei Weitem nicht. Gesunde Paare lösen Probleme gemeinsam. Das bedeutet nicht, dass beide Partner schuld sind. Stattdessen erkennen Sie, dass vier Augen mehr sehen als zwei. Wenn Sie die Situation wirklich in Ordnung bringen wollen und sich nicht nur „rächen" wollen, sollten Sie mit Ihrem Partner zusammenarbeiten, um eine Lösung zu finden. Untersuchen Sie das vorliegende Problem darauf, was falsch gelaufen ist und was beim nächsten Mal besser sein könnte. Gewöhnen Sie sich an, zu kooperieren, anstatt nur einen Partner für die Veränderung verantwortlich zu machen.

## Vier einzigartige Herausforderungen, um sich an eine gesunde Loslösung zu gewöhnen

Wenn Sie extrem co-abhängig sind, mag der Gedanke an Loslösung für Sie beängstigend sein. Um Ihre nächsten Schritte zu vereinfachen, sollten Sie die folgenden Herausforderungen ausprobieren. Diese werden Ihnen helfen, sich auf Ihre eigene Unabhängigkeit einzustellen. Am Ende jeder Herausforderung treffen Sie sich wieder mit Ihrem Partner und tauschen Ihre unterschiedlichen Erfahrungen aus. Schauen Sie, ob Sie mit diesen Herausforderungen Spaß haben können!

### 1  Zeichnen Sie Ihren Tag

Sie müssen für diese Herausforderung keine künstlerische Ader haben – tatsächlich macht es vielleicht sogar mehr Spaß, wenn Sie keine haben! Für diese Herausforderung sollten sich beide Partner für mehrere Stunden trennen und zeichnen, was sie sehen, wo auch immer sie hingehen. Das Motiv kann alles sein, was Sie an diesem Tag sehen – es kann lustig, ernst oder sogar surrealistisch sein, wenn Sie es wünschen! Idealerweise sollten sich beide Partner keine Nachrichten schreiben, außer für logistische Absprachen darüber, wo und zu welcher Zeit sie sich später treffen wollen. Am Ende des Tages können beide Partner wieder zusammenkommen und sich gegenseitig zeigen, was sie gezeichnet haben. Wenn Sie ein schrecklicher Künstler sind, könnte das Lachen über Ihre schlechten Zeichnungen für einen lustigen Abend sorgen. Diese Herausforderung ist ideal, da sie es den Leuten erlaubt, mit ihrer kreativen Seite in Kontakt zu kommen, und gleichzeitig persönlichen Raum schafft. Und das sind noch nicht alle Vorteile! Es macht den Partnern zudem Spaß, sich die Zeichnungen des anderen anzusehen und einander die Geschichten zu erzählen, die mit dem Gesehenen verbunden sind.

## 2  Treffen Sie sich in der Mitte

Wenn Sie eine abenteuerliche Seite an sich haben, versuchen Sie die „Sich in der Mitte treffen"-Herausforderung mit Ihrem Partner. Einfach ausgedrückt: Beide Partner müssen zwei gegenüberliegende oder weit voneinander entfernte Orte erkunden und sich dann auf halber Strecke wieder treffen. Diese Herausforderung kann an Ihren Zeitrahmen und Ihr Budget angepasst werden. Wenn es Ihnen nicht möglich ist, international zu reisen, ist das kein Grund zur Sorge! Jeder Partner kann sich eine Stadt oder einen Ort im Land aussuchen, den er schon immer einmal erkunden wollte. Das funktioniert besonders gut, wenn der andere Partner bereits dort war oder keine Lust hat, dorthin zu reisen. Sobald beide Personen ihre Stadt ausgewählt haben, können sie einen Ort bestimmen, der ungefähr in der Mitte liegt. Nachdem sie durch die verschiedenen Orte gereist sind und diese erkundet haben, können sie sich auf den Weg zueinander machen und sich an diesem Ort auf halbem Weg treffen. Wenn Sie über ein größeres Budget verfügen, können Sie das Gleiche auch mit Ländern machen. Solo-Reisen sind eine ermächtigende Erfahrung und Paare finden das „Treffen auf halbem Weg" unglaublich romantisch.

## 3 Die Geschenkbörse

Genau wie bei „Zeichnen Sie Ihren Tag" geht es bei dieser Herausforderung darum, dass sich ein Paar für ein paar bis mehrere Stunden trennt. Es sollte keinerlei Kommunikation stattfinden, bis es an der Zeit ist, sich später am Tag wieder zu treffen. Das Ziel der getrennten Zeit sollte es sein, ein Geschenk für den Partner zu kaufen, zu basteln oder auf andere Weise zu beschaffen. Es kann ein Geschenk sein oder mehrere, abhängig von ihrem jeweiligen Budget. Es ist auch ratsam, dass beide Partner ein Ausgabenlimit festlegen, damit nicht eine Person die andere übertrifft. Dies ist eine großartige Herausforderung für den Anfang, da sich beide Partner bei der Suche nach einem Geschenk für den geliebten Menschen immer noch eng verbunden fühlen können.

## 4 Außen-Innen

Hier sind keine Ausreden erlaubt! Eine Person ist für „Außen" und die andere für „Innen" zuständig. So lange, bis sie fertig sind, müssen sich beide Partner auf ihre separaten Aufgaben konzentrieren, ohne Hilfe vom anderen. Die Partner können nur über logistische Dinge kommunizieren oder um etwas zu klären. Alle andere Kommunikation muss für die Zeit nach der Herausforderung aufgespart werden, wenn alles erledigt ist. Hier ist ein Überblick darüber, wofür jede Person zuständig ist:

*Außen* – Alle Besorgungen, die das Verlassen des Hauses erfordern, z. B. Lebensmitteleinkäufe, Postversand, Abholung von Werkzeugen oder Materialien für Reparaturen, Tanken des Autos, das Abheben von Bargeld und vieles mehr. Dazu können auch Hausarbeiten gehören, wenn diese draußen stattfinden, z. B. Gartenarbeit, Arbeiten im Hof, Reparaturen am Schuppen usw.

*Innen* – Alle Aufgaben, die das Innere des Hauses und die allgemeine Haushaltsführung betreffen. Dazu gehören Wäschewaschen, Bettenmachen, Hausreinigung, Aufräumen und Neuorganisieren, Geschirrspülen und alle anderen haushaltsbezogenen Aufgaben.

Wer als Erster fertig ist, hat frei und kann machen, was er will! Die einzige Bedingung? Sie müssen sich von ihrem Partner fernhalten, bis alle Aufgaben erledigt sind.

Warum kreieren Sie nicht Ihre eigene Herausforderung? Um das beste Ergebnis zu erzielen, sollten beide Partner so lange wie möglich getrennt sein, während sie sich auf ein klar definiertes Ziel konzentrieren oder sich vom Alltag zu zweit ablenken.

# Kapitel sieben:
# Persönlicher Freiraum
# und Selbstfürsorge

Wir haben viel über persönlichen Freiraum und Selbstfürsorge gesprochen, aber einige von Ihnen fragen sich vielleicht: „Was genau bedeutet das?" oder „Was mache ich, wenn ich persönlichen Freiraum habe?" In Extremfällen von Co-Abhängigkeit brauchen Sie vielleicht ein paar Ideen für das nächste Mal, wenn Sie sich der Selbstfürsorge widmen. Wie wir bereits festgestellt haben, ist dies entscheidend für die Aufrechterhaltung eines gesunden Maßes an Unabhängigkeit in Ihrer Beziehung. Wenn Partner in einer Beziehung weiterhin Selbstfürsorge praktizieren, werden sie zu stärkeren, mutigeren Individuen, die auf lange Sicht im Leben mehr Erfüllung erlangen. Wenn Sie der Gedanke an eine vorübergehende Trennung einschüchtert, machen Sie sich bewusst, dass dies nur aus einem Grund schwierig ist: Sie brechen mit einer festen Routine! Es sagt nichts über die Auswirkungen aus, die dieser Bruch letztendlich haben wird. Egal, ob sie zerstörerisch sind oder nicht, Muster sind schwer zu durchbrechen – aber wenn Sie es geschafft haben, blüht Ihr Leben auf eine Weise auf, die Sie sich nie erträumt hätten.

# Sechs Gründe dafür, dass persönlicher Freiraum Paare heilt

Bevor Sie sich Ausreden einfallen lassen, um den Rest dieses Kapitels zu überspringen, lassen Sie uns die Vorteile des persönlichen Freiraums untersuchen. An den Tagen, an denen Sie von Ängsten überwältigt sind, an denen Sie sich einfach nur festklammern und niemals loslassen wollen, besinnen Sie sich auf diesen Abschnitt. Aus folgendem Grund ist der persönliche Freiraum für die Heilung von Co-Abhängigkeit so wichtig:

## 1 Es macht Sie zu einer stärkeren Person

Wenn uns die Möglichkeit gegeben wird, unser eigenes Ding zu machen, verwenden wir Bewältigungs- und Selbstmanagement-Strategien, die wir in Gegenwart unserer nahen Angehörigen nicht mehr einsetzen. Wenn wir ein Bedürfnis haben, lernen wir, uns selbst darum zu kümmern. Wir lernen, für unsere eigene Unterhaltung zu sorgen. Und wir können endlich zuhören und unsere eigenen Gedanken bewerten, ohne Einfluss von außen. Der Schmerz, den Sie verspüren, wenn Sie allein sind und sich wünschen, jemand wäre bei Ihnen – das ist Ihr Verstand, der sich weigert, Ihre eigenen Selbstmanagement-Strategien zu benutzen. Wenn wir jemanden um uns haben, brauchen wir sie nicht so oft. Der andere kann uns bei der Erledigung von Aufgaben helfen, uns unterhalten und uns so viel Ablenkung bieten, wie wir uns wünschen. Das fühlt sich gut an, so, wie es sich gut anfühlt, auf der Couch zu sitzen, anstatt zur Arbeit zu gehen. Es erlaubt uns zwar, keine Arbeit verrichten zu müssen, doch es schadet auch unserer Fähigkeit, für uns selbst zu sorgen und autark zu sein. Wenn Sie jetzt nicht lernen, stark zu sein, wird es in der Zukunft hundertmal schwieriger sein. Persönlicher Freiraum gibt uns die Möglichkeit, uns wieder um selbst zu kümmern, und das bringt eine Menge Vorteile mit sich.

## 2 Unsere Individualität wiederzufinden macht uns glücklicher

Wenn wir persönlichen Freiraum bekommen, werden wir daran erinnert, was uns ausmacht. Anstatt mit der Identität unseres Partners zu verschmelzen, besinnen wir uns auf unsere eigene und darauf, was genau uns einzigartig macht. Wenn wir diesen Teil von uns selbst wiederfinden, fühlen wir uns sofort glücklicher. Und warum? Das ist ganz einfach. Wir alle wollen uns besonders fühlen. Niemand möchte das Gefühl haben, genau wie jemand anderes geworden zu sein. Diejenigen, die sich so fühlen, unterliegen dem falschen Eindruck, dass uns die Verschmelzung von Identitäten davon heilt, nichts Besonderes zu sein. Doch nichts könnte der Wahrheit ferner liegen. Um uns wirklich einzigartig und unverwechselbar zu fühlen, müssen wir uns mit etwas verbinden, das tief in uns selbst liegt. Auf diesen Teil von uns können wir nur durch ausreichend Zeit für uns selbst zugreifen. So sehr Sie Ihren Partner auch lieben, zu viel gemeinsame Zeit zu verbringen, kann Sie vergessen lassen, was Sie von ihm unterscheidet.

## 3 Es gibt später mehr zu besprechen

Wenn Sie immer zusammen sind, machen Sie zur gleichen Zeit die gleiche allgemeine Erfahrung. Das kann natürlich auch etwas Besonderes sein; Sie können die Ereignisse,

die sich um Sie herum abspielen, besprechen und es genießen, an der gleichen Erfahrung teilzuhaben. Aber vergessen Sie nicht, dass es auch Spaß macht, unterschiedliche
Erfahrungen zu machen und einander später davon zu erzählen. Zwei Partner, die sich nach einem langen Tag der
Trennung wiedersehen, können einander die Geschichten
und Ereignisse des Tages erzählen und das damit verbun-
dene Überraschungsmoment genießen. Wenn wir immer
mit unserem Partner zusammen sind, verpassen wir den
Spaß am Nachholbedarf.

## 4   Auch der tollsten Dinge kann man überdrüssig werden – lassen Sie das nicht zu!

Sie mögen Ihren Partner zutiefst lieben und wertschätzen.
Sie denken vielleicht sogar, dass Ihre Beziehung das Beste
auf der Welt ist und Sie füreinander bestimmt sind, so
als ob nichts Ihre Beziehung zerstören könnte. Es tut mir
leid, Ihnen das sagen zu müssen: Zu viel gemeinsame Zeit
kann sie tatsächlich zerstören. Sagen wir, Sie haben die
besten Pfannkuchen der Welt entdeckt. Sie fanden sie so
lecker, dass Sie beschlossen haben, sie zu jeder Mahlzeit
zu essen. Am Anfang schien es himmlisch, Ihr Lieblings-
essen dreimal am Tag zu essen – aber was ist nach ein paar
Monaten? Oder nach ein paar Jahren? Sie würden definitiv anfangen, die Pfannkuchen satt zu haben. Irgendwann
würden Sie sich buchstäblich nach *etwas anderem* sehnen.
Es spielt keine Rolle, wie objektiv gut diese Pfannkuchen
sind oder wie sehr Sie sie am Anfang genossen haben.
Wenn Sie es übertreiben, werden Sie sie nicht mehr sehen
können. Das Gleiche gilt für Sie und Ihren Partner. Ohne
persönlichen Freiraum fängt die Beziehung an, sich ein-

engend anzufühlen. Dies wird unweigerlich zu einer angespannteren Partnerschaft führen.

## 5 Es erinnert Sie daran, warum Sie zusammen sind

Wenn wir ständig mit jemandem zusammen sind, den wir lieben, fangen wir an, ihn als selbstverständlich anzusehen. Wir gewöhnen uns so sehr an den schnellen und einfachen Zugang, dass wir vergessen, wie besonders es ist, diesen Zugang überhaupt zu haben. Paare, die den persönlichen Freiraum zu einem Teil ihres Lebensstils machen, erleben viel mehr Dankbarkeit gegenüber ihrem Partner. Wenn sie zusammen sind, werden sie an die Freude erinnert, die ihr Partner in ihr Leben bringt. Die Zeiten, in denen sie getrennt sind, bilden einen Kontrast zu den Zeiten, in denen sie zusammen sind. Dadurch erhält die Beziehung viel mehr Bedeutung, was wiederum jeden gemeinsamen Moment besonderer erscheinen lässt. Die Partner werden einander viel mehr zu schätzen wissen und auf lange Sicht glücklicher sein.

## 6 Glücklichere Menschen schaffen dauerhaftere Beziehungen

Co-Abhängigkeit entsteht, wenn Paare zu ängstlich oder unsicher sind, um sich gegenseitig loszulassen. Dies zu lernen kann ironischerweise die Chancen auf ein (glückliches) Zusammenbleiben tatsächlich verbessern. Bedenken Sie alles, was wir bisher behandelt haben. Es wird mehr Spannung geben, Sie werden einander nicht überdrüssig werden, *Sie werden* glücklicher sein und Ihr Partner auch. Zwei glückliche, starke Individuen ergeben ein glückliches, starkes Paar. Um dauerhafte Zufriedenheit zu

gewährleisten, muss es Raum für Wachstum geben. In-
dem Sie sich gegenseitig Raum geben, geben Sie sich die
Möglichkeit, sich zu einem besseren Selbst zu entwickeln.
Paare, die dies tun, haben mehr Erfolg als andere.

# Zehn Wege zur Beschleunigung des eigenen Wachstums durch persönlichen Freiraum

Co-abhängige Menschen haben Mühe, die Zeit herumzu-
bringen, wenn sie endlich persönlichen Freiraum erlangt
haben. Viele fangen an, Angst zu empfinden, weil sie nicht
wissen, was sie mit sich selbst anfangen sollen, wenn ihr
Partner nicht mehr da ist. Es ist hilfreich, sich zu verge-
genwärtigen, dass dies nur geschieht, weil die Erlangung
von Freiraum eine Unterbrechung der üblichen Routine
darstellt. Diese Angst kann mit etwas Übung überwunden werden. Der persönliche Freiraum ist eine großartige
Möglichkeit, um sich endlich auf das eigene Wachstum zu
konzentrieren und Fortschritte bei der Erreichung Ihrer
persönlichen Ziele zu machen. Wenn Sie sich bemühen,
Ihre Ziele immer im Auge zu behalten, wird Ihnen das
helfen, Ihre co-abhängigen Neigungen zu bekämpfen. Betrachten Sie die vielen Methoden, wie Sie dies erreichen
können:

## 1  Lernen Sie eine neue Fähigkeit

Gibt es ein Talent, das Sie insgeheim gerne hätten? Wann
haben Sie das letzte Mal gedacht: „Ich wünschte, ich
könnte das"? Ein Workshop oder ein Kurs ist eine fantastische Sache, die man in seinen Terminkalender einbauen
kann, und es ist eine großartige Art, die persönliche Zeit zu

nutzen. Das kann alles sein, von Mal- und Fotokursen bis hin zu Kung-Fu-Unterricht. Wenn es ums Lernen geht, ist alles möglich. Sie könnten sich sogar dafür entscheiden, eine Fähigkeit zu verbessern, die später zu einem höheren Einkommen führt. Die Perfektionierung einer neuen Fähigkeit wird Sie an Ihren Wert und Ihr Können über Ihre Beziehung hinaus erinnern. Haben Sie Spaß dabei. Die Welt liegt Ihnen zu Füßen!

## 2  Gehen Sie ins Fitnessstudio

Machen Sie das Training im Fitnessstudio zu einem Teil Ihrer wöchentlichen Routine und Sie werden mehr Vorteile entdecken als nur bezüglich Ihres Aussehens. Sie werden nicht nur fitter und straffer aussehen, sondern sich vor allem auch stärker *fühlen*. Und Sie werden sofort eine Steigerung Ihres Selbstwertgefühls und Selbstvertrauens feststellen. Zu trainieren ist eine großartige Möglichkeit, sich selbst zu beweisen, dass Sie Widrigkeiten überwinden können – diese Entschlossenheit und Stärke wird sich nicht nur auf die Zeit im Fitnessstudio erstrecken, sondern auch Ihre Beziehung und wahrscheinlich sogar Ihr berufliches Selbstvertrauen verbessern. Kümmern Sie sich um Ihren Körper, dann wird Ihre gesamte Denkweise diese positive Veränderung widerspiegeln.

## 3  Suchen Sie einen Therapeuten auf

Es ist an der Zeit, das Stigma rund um die Therapie zu beseitigen! Sie müssen nicht an einer psychischen Erkrankung leiden, um einen Therapeuten aufzusuchen. Eine Sitzung wöchentlich oder alle paar Wochen ist eine großartige Möglichkeit, sich zu entspannen und den Geist zu entrümpeln. Wenn Sie aufwühlende Emotionen und Gedanken aus dem Weg räumen, haben Sie mehr Zeit, sich auf das zu konzentrieren, was wirklich wichtig ist. Eine Therapie kann besonders für Menschen in einer co-abhängigen Beziehung hilfreich sein. Eine neutrale Person ist in der Lage, Sie darauf hinweisen, wenn co-abhängige Gewohnheiten auftauchen, und Ihnen zu helfen, sich von diesen zu lösen. Sie kann Ihnen helfen, die Ursache Ihrer Probleme anzugehen, damit Sie sich nie wieder als „co-abhängig" bezeichnen müssen.

## 4 Experimentieren Sie mit dem Kochen von gesünderen Mahlzeiten

Wir alle wissen, wie man in der Küche *irgendetwas* kocht, aber wie viele leckere, wirklich gesunde Mahlzeiten können Sie kochen? Warum experimentieren Sie nicht in Ihrer Freizeit in der Küche mit einigen nahrhaften Lebensmitteln. Wenn wir unsere Aufmerksamkeit auf unsere Ernährung richten, findet unser Geist Ruhe. Und warum? Weil wir zu den Grundlagen zurückkehren und etwas tun, das uns buchstäblich am Leben erhält. Wir schenken den Grundlagen unseres Seins unsere Aufmerksamkeit, und das kann meditativ sein. Versuchen Sie, mit neuen Zutaten zu kochen, haben Sie Spaß an neuen Geschmacksrichtungen und sehen Sie, was für köstliche Kreationen Sie erfinden können.

## 5 Planen Sie Ihre Zukunft und setzen Sie sich Ziele

Jetzt, wo Sie etwas Zeit für sich haben, sollten Sie versuchen, Ihre Ziele für die nahe und ferne Zukunft zu definieren. Was würden Sie gerne erreichen? Wohin würden Sie gerne gehen? Welche Gewohnheiten würden Sie gerne ablegen und welche würden Sie gerne verbessern? Während Sie dies tun, versuchen Sie, einen ersten Entwurf Ihrer Ziele zu erstellen, ohne daran zu denken, was Ihr Partner (oder irgendjemand anderes) dazu sagen würde. Konzentrieren Sie sich einfach auf Ihre Ziele und Träume. Sobald Sie sich über diese im Klaren sind, wägen Sie ab, wie wichtig jedes einzelne Ziel für Sie ist. Wie glücklich werden Sie sein, wenn Sie jedes davon erreichen? Wird die Unfähigkeit, ein bestimmtes Ziel zu erreichen, dazu führen, dass Sie sich unglücklich fühlen? Beantworten Sie diese Fragen, bevor Sie daran denken, was Ihr Partner sagen würde. Ziehen Sie in Erwägung, über die Ziele, die Sie zutiefst glücklich machen würden, nicht zu verhandeln.

## 6 Lesen Sie ein gutes Buch

Man sagt, die erfolgreichsten Unternehmer der Welt lesen Dutzende von Büchern pro Jahr. Das ist nicht verwunderlich. Lesen ist nicht nur unterhaltsam, sondern kann Ihren Horizont auf eine Weise erweitern, die Ihre Perspektive zum Besseren verändert. Egal, ob es sich um Belletristik oder Sachbücher handelt, Lesen bringt viele Vorteile mit sich, einschließlich der Verbesserung des Gedächtnisses und des Stressabbaus. Mit der Zeit werden Sie feststellen, dass sich Ihr Wortschatz erweitert, und es kann sogar Ihre Schreibfähigkeiten verbessern. Integrieren Sie mehr Zeit zum Lesen in Ihren Zeitplan (jetzt, wo Sie mehr Ruhe haben!) und Sie werden Ihren Geist in kürzester Zeit schärfen.

## 7 Starten Sie ein kreatives Projekt

Sie müssen kein künstlerisches Genie sein, um ein kreatives Projekt zu starten. Wählen Sie einfach ein Medium, das

Ihnen gefällt, und haben Sie Spaß damit. Die Förderung der eigenen Kreativität hilft Ihnen, sich zu entspannen und verbessert auf lange Sicht Ihre Problemlösungsfähigkeiten. Studien haben sogar gezeigt, dass Kreativität die Fähigkeit verbessert, sich an neue Veränderungen anzupassen. Wenn Sie das nächste Mal Zeit für sich haben, warum versuchen Sie nicht, zu malen oder zu skizzieren? Oder Sie nehmen ein Instrument in die Hand und lernen zu singen.

## 8 Lernen Sie, eine wachstumsorientierte Einstellung zu entwickeln

Wenn Sie in Ihrer Freizeit neuen Hobbys und Fähigkeiten nachgehen, versuchen Sie, eine auf Wachstum ausgerichtete Einstellung zu entwickeln. Eine fixe Denkweise wird von dem Glauben angetrieben, dass jeder Mensch mit bestimmten Talenten und Begabungen geboren wird und alle, die nicht „begabt" sind, niemals das gleiche Maß an Brillanz erreichen werden. Die wachstumsorientierte Einstellung steht im krassen Gegensatz dazu und behauptet, dass wir tatsächlich das gleiche Maß an Brillanz erreichen können, wenn wir beharrlich bleiben und uns stetig verbessern. Versuchen Sie, solange Sie persönlichen Freiraum haben, diese Einstellung in Ihren mentalen Raum einzubeziehen. Das wird Ihnen nicht nur helfen, bestimmte Fähigkeiten zu verbessern, sondern auch, sich aus Ihrer Co-Abhängigkeit zu befreien. Sie müssen nicht für immer co-abhängig sein; eine wachstumsorientierte Einstellung wird gewährleisten, dass Sie Ihre alten Gewohnheiten für immer hinter sich lassen.

## 9  Gönnen Sie sich Pausen von der Technik

Während Sie sich eine Auszeit von Ihrem Partner nehmen, könnten Sie sich auch eine Pause von all dem Chaos der modernen Welt gönnen. Sie können dafür den Zeitrahmen wählen, mit dem Sie sich am wohlsten fühlen – aber es sollte eine kleine Herausforderung darstellen! Schalten Sie für mindestens ein paar Stunden alle Ihre Kommunikations- und Unterhaltungsgeräte aus. Räumen Sie alle digitalen Ablenkungen aus dem Weg und kommunizieren Sie in dieser Zeit in keiner Weise mit Ihrem Partner. Sie können während dieser Zeit tun, was immer Sie möchten, solange Sie für Ihre eigene Unterhaltung sorgen (gehen Sie nicht in eine Bar, um dort fernzusehen!) und Sie sich erlauben, mit Ihren Gedanken allein zu sein. Regelmäßig Zeit ohne Technik zu verbringen, kann allmählich Ängste abbauen, da Sie sich an die Stille und die vorübergehende Abstellung von elektronischen Geräten gewöhnen.

## 10  Unterhalten Sie sich mit einem Fremden

Dies mag wie ein seltsamer Vorschlag erscheinen, aber zu lernen, sich in der Nähe von Fremden wohlzufühlen, birgt eine Reihe von Vorteilen. Sie verbessern dadurch nicht nur Ihre sozialen Fähigkeiten, sondern Sie lernen auch, sich an verschiedene Situationen und unterschiedliche Persönlichkeiten anzupassen. Außerdem wissen Sie nicht, wen Sie treffen könnten! Überall um Sie herum warten Verbindungen darauf, geknüpft zu werden. Die Erweiterung Ihres Freundeskreises ist eine gute Methode, um sicherzustellen, dass Sie sich nicht zu sehr auf Ihren Partner verlassen.

Sigmund Ambrosius

# Zwölf Ideen zur Selbstfürsorge, damit Sie sich pudelwohl fühlen

Natürlich sollte es beim persönlichen Freiraum auch um Selbstfürsorge gehen. Wenn Co-Abhängige völlig aufeinander eingestimmt sind, vergessen sie, sich um ihr eigenes Selbst zu kümmern. Oft merken wir gar nicht, wie sehr wir Selbstfürsorge brauchen, bis wir sie endlich erfahren. Das Ergebnis: Wir sind ruhig, emotional gefestigt und in jeder Hinsicht im Frieden mit uns selbst. Das versetzt uns in eine bessere Stimmung und macht uns zu angenehmeren Menschen, was uns wiederum zu besseren Partnern macht.

Es gibt keinen Grund, Selbstfürsorge auf die Zeit zu beschränken, in der wir ganz allein sind. Selbstfürsorge sollte Teil Ihrer Routine sein und Sie können sie genießen, wenn Sie alleine sind oder mit Ihrem Partner in der Nähe. Das bleibt Ihnen überlassen. Wie auch immer Sie sich entscheiden, für sich selbst zu sorgen – stellen Sie sicher, dass Sie sich immer Zeit dafür nehmen, damit es ein beständiger Teil Ihres Lebens sein kann.

## 1 Sprudelbäder

Sie haben es wahrscheinlich schon in Filmen gesehen. In Zeiten der Entspannung steckt eine Figur bis zum Hals in einem Schaumbad, umgeben von Kerzen. Warum probieren Sie das nicht wirklich mal aus? Mit oder ohne Sprudel, Kerzen oder Badezimmerlicht, Musik oder Stille: Sie haben die Wahl. Finden Sie heraus, welche Art von Umgebung Ihnen hilft, eine tiefe Ruhe zu erreichen, und versuchen Sie, diesen ruhigen Ort in Ihrem Geist zu erreichen. Vergessen Sie die Welt für einen Moment und entspannen Sie sich.

## 2 Eine Massage

Eine Massage zu bekommen, erfordert keine Anstrengung von Ihnen. Finden Sie einfach eine Therme oder einen Masseur, der Ihnen gefällt, und genießen Sie es, verwöhnt zu werden. Eine Massage ist eine hervorragende Art der Selbstfürsorge, denn durchgeknetet zu werden öffnet den Körper und fühlt sich – natürlich – einfach *toll* an. Der sanfte Druck am ganzen Körper baut Stress ab, indem er Dopamin freisetzt, Ängste reduziert und Sie sich in jedem Fall sofort ruhiger fühlen lässt. Es muss nicht kompliziert sein; legen Sie sich einfach hin und erlauben Sie sich, sich gut zu fühlen.

## 3 Kaffee und ein gutes Buch

Seit den Anfängen der Hipster-Cafés ist es eine brillante moderne Art der Selbstfürsorge geworden, bei einer Tasse Kaffee ein gutes Buch zu lesen. Verlassen Sie Ihre gewohnte Umgebung und verbringen Sie ein paar Stunden in einem Café. Bestellen Sie eine dampfende Tasse Kaffee oder eine cremige heiße Schokolade, suchen Sie sich einen Platz und vertiefen Sie sich endlich in das tolle Buch, von dem Sie schon so viel gehört haben. Ob Sie es glauben oder nicht, allein das Verlassen Ihrer gewohnten Umgebung kann Ängste abbauen. Ein Buch zu lesen und dabei Kaffee zu trinken, erlaubt es Ihnen, Ihr Leben für einen Moment zu erleichtern. Sie müssen nur Ihren bequemen Platz genießen und sich auf Ihr Buch konzentrieren, während Sie sich mit warmen, reichhaltigen Leckereien verwöhnen.

## 4  Gehen Sie einkaufen

Um es gleich vorwegzunehmen: Übertreiben Sie es nicht! Denken Sie an Ihr Budget und halten Sie es ein. Und sonst? Haben Sie Spaß und gönnen Sie sich das, was Ihnen guttut. Den Begriff „Frustshoppen" gibt es nicht ohne Grund. Wenn wir einkaufen, können wir unsere Wünsche und Bedürfnisse befriedigen. Das ist eine gute Übung für den Co-Abhängigen, der dazu neigt, sich auf die Wünsche und Bedürfnisse anderer Menschen zu konzentrieren. Nehmen Sie sich einen Moment Zeit, um Ihr co-abhängiges Gehirn auszublenden und zu überlegen, welcher Kauf Sie auf der Stelle begeistern würde.

## 5  Eine Rundumerneuerung

Manchmal gibt es keinen besseren Weg, sich gut zu fühlen, als sich selbst *gut aussehen zu lassen*. Es gibt keine Regeln für ein Umstyling – haben Sie einfach Spaß daran, mit Ihrem Aussehen zu experimentieren, um sich attraktiv zu fühlen. Wenn Sie weiblich sind, sollten Sie in Erwägung ziehen, die Dienste eines Visagisten in Anspruch zu nehmen. Hingegen können beide Geschlechter davon profitieren, ein paar neue Outfits für ihre Garderobe zu erstehen oder ihr Aussehen durch einen neuen Haarschnitt aufzufrischen. Die Möglichkeiten sind endlos!

## 6  Sprechen Sie mit Freunden

Mit Freunden zu reden und zu lachen ist eine ganz eigene Form der Therapie. Warum nutzen Sie die Zeit, in der Sie Selbstfürsorge ausüben, nicht für ein Treffen mit ein paar Ihrer vertrautesten Freunde? Das sorgt nicht nur für Stressabbau, sondern es ist erwiesen, dass Zeit mit Freunden zu einem längeren Leben und einer verbesserten geistigen Gesundheit führt. Egal, ob Sie sich in einem tollen Restaurant verwöhnen lassen oder einen lustigen Abend mit Netflix oder Gesellschaftsspielen verbringen, sorgen Sie dafür, dass die Zeit mit Freunden einen festen Platz in Ihrem Terminkalender hat.

## 7 Schreiben Sie Tagebuch

Das Führen von Tagebüchern ist für co-abhängige Paare ideal, weil es Ihnen erlaubt, mit Ihren Gefühlen in Kontakt zu kommen. Co-Abhängige sind dafür bekannt, ihre Gedanken und Gefühle zu verdrängen, um den Frieden zu bewahren – etwas, das nicht gut für die Gesundheit der Beziehung ist. Das Führen eines Tagebuchs kann Ihnen helfen, Ihren Geist zu entrümpeln und sich zu entspannen, weil es Ihnen erlaubt, Ihre Gedanken zu ordnen und Ihre innere Welt zu beobachten. Viele Menschen entscheiden sich dafür, am frühen Morgen in ihr Tagebuch zu schreiben – oder direkt vor dem Schlafengehen, um den Geist nach dem ereignisreichen Tag zu beruhigen und einen erholsamen Schlaf zu finden.

## 8 Meditieren Sie

Auf der Suche nach den besten Selbstfürsorge-Methoden wird Meditation so oft vorgeschlagen, dass man dazu neigt, die Augen zu verdrehen. Doch es gibt einen guten Grund, warum von Meditation geschwärmt wird; sie hat echte, dauerhafte Vorteile, die für Ihr geistiges Wohlbefinden und in Ihrem Leben wirklich eine Veränderung bewirken. Um erfolgreich zu meditieren, muss man versuchen, seinen Geist von allen Gedanken zu befreien und einfach im Moment zu sein. Versuchen Sie für den Einstieg, sich nur auf Ihren Atem zu konzentrieren. Idealerweise sollte man dies an einem ruhigen Ort tun, an dem man sich ungestört hinsetzen kann. Machen Sie Meditation zu einem regelmäßigen Bestandteil Ihrer Selbstfürsorge und Sie werden bald sehen, dass Sie Stress und Ängste reduzieren und Ihre Selbstwahrnehmung und Aufmerksamkeitsspanne erhöhen.

## 9 Machen Sie eine Ausfahrt oder einen Spaziergang

Diese Selbstfürsorge-Methode erfordert nichts als Energie und Zeit. Wählen Sie einen beliebigen Startpunkt und gehen oder fahren Sie einfach von dort aus los, ohne ein Ziel vor Augen zu haben. Erkunden Sie einfach die Gegend. Der Zweck dieser Fahrt oder dieses Spazierganges ist es, den Kopf frei zu bekommen und Zeit für sich allein zu haben, dabei jedoch die Bewegung des Vorwärtsgehens zu erleben. Es ist bekannt, dass ein Spaziergang oder eine Autofahrt emotional heilsam ist; es erlaubt Ihnen, die volle Kontrolle über Ihren Weg und Ihr Ziel zu haben, einfach dorthin zu gehen, wohin Sie wollen, und Ihre Gedanken zur Ruhe kommen zu lassen.

## 10 Dekorieren Sie um

Eine lustige Art, Selbstfürsorge zu betreiben, ist das Umdekorieren Ihrer Räumlichkeiten. Es ist ganz egal, was Sie umdekorieren. Es könnte Ihr Schreibtisch bei der Arbeit, Ihr Schlafzimmer oder sogar Ihr ganzes Haus sein. Umzudekorieren kann unglaublich viel Spaß machen, da es uns erlaubt, die kreative Seite unseres Gehirns zu nutzen – aber darüber hinaus ist es auch ein Akt der Rückgewinnung unseres persönlichen Bereiches und eine Übung, um mehr Kontrolle über unsere Umgebung zu erlangen.

Treffen Sie ästhetisch ansprechende Entscheidungen und versuchen Sie, Ihr Hab und Gut so anzuordnen, dass es so bequem wie möglich wird. Organisieren und dekorieren Sie Ihre Räumlichkeiten so, dass sie zu Ihrem eigenen persönlichen Heiligtum werden. Am Ende sollten Sie sich in Ihrem neu eingerichteten Raum wohl, entspannt und inspiriert fühlen.

## 11 Machen Sie Sport

Bewegung ist nicht nur ein Zugang zu mehr persönlichem Wachstum, sondern auch eine ideale Möglichkeit für die Selbstfürsorge. Es ist nur wichtig, dass Sie es nicht übertreiben und sich dabei erschöpfen. Ob ein gemütlicher Spaziergang durch den Park oder eine intensive Pilates-Session, Bewegung sorgt dafür, dass Ihr Körper stark und leistungsfähig bleibt. Viele Menschen denken, dass Sport so anstrengend ist, dass es sich dabei unmöglich um Selbstfürsorge handeln kann, aber das zeigt nur, dass Sie ihn mehr denn je brauchen. Bewegung ermöglicht es uns, uns wieder mit unserem Körper zu verbinden und mehr im Einklang mit seinen Bedürfnissen und Fähigkeiten zu stehen. Der Rausch von Endorphinen bedeutet auch, dass Sie sich sofort positiver gegenüber sich selbst und dem Leben im Allgemeinen fühlen werden.

## 12 Üben Sie sich in Dankbarkeit

Ob Sie es glauben oder nicht, es ist erwiesen, dass das Praktizieren von Dankbarkeit Menschen glücklicher macht. Indem wir unser Gehirn darauf trainieren, die positiven Dinge im Leben zu bemerken und dafür dankbar zu sein, beginnen wir sofort, aus einer Haltung des Überflusses heraus zu handeln. Dies verbessert unser

Selbstwertgefühl, unsere Fähigkeit zur Empathie und sogar unsere Schlafqualität. Um mit dem Üben von Dankbarkeit zu beginnen, suchen Sie sich einen Ort, an dem Sie sich Notizen darüber machen können, wofür Sie dankbar sind. Das kann ein spezielles Dankbarkeitstagebuch oder die Notizen-App auf Ihrem Telefon sein. Schreiben Sie jeden Tag drei Dinge auf, für die Sie in Ihrem Leben dankbar sind. Versuchen Sie, so konkret wie möglich zu sein. Denken Sie daran, dass dies keine großen Dinge in Ihrem Leben sein müssen, es kann etwas so Simples sein wie das fantastische Mittagessen, das Sie hatten, oder eine tolle Trainingseinheit. Gehen Sie einfach sicher, dass Sie wirklich dankbar dafür sind, egal worum es sich handelt.

Fühlen Sie sich von der Vorstellung des persönlichen Freiraums nicht eingeschüchtert. Es ist eine Chance für Sie, sich neu auszurichten, neue Energie zu tanken und das zu tun, was notwendig ist, um Ihre eigene innere Stärke zu erhalten. Es ist eine Zeit, in der Sie sich wieder mit den Aktivitäten, die Ihnen Spaß machen, und dem Sinn Ihres Lebens verbinden können. Lernen Sie, dies nicht als Trennung von Ihrem Partner zu sehen, sondern als kraftvollen Antrieb für eine gesunde Beziehung.

# Kapitel acht:
# Co-Abhängigkeit
# endgültig heilen

Wir haben die Persönlichkeiten co-abhängiger Partner aufgeschlüsselt und sowohl die Gewohnheiten hervorgehoben, die es auszumerzen gilt, als auch die Gewohnheiten, die Sie in Ihr Leben bringen müssen – aber das ist noch nicht alles, was Sie brauchen, um voranzukommen. Die Triebe, die zu Co-Abhängigkeit führen, sitzen tief. Unter den kleinen Gewohnheiten und Praktiken befinden sich einige wichtige und höchst wesentliche Lektionen. Die kleineren Praktiken werden sicherlich dabei helfen, einen gesünderen Umgang im Alltag aufzubauen, aber ohne diese Kernlektionen zu verinnerlichen, werden Sie vielleicht wieder von vorn anfangen müssen. In besonders schwierigen Zeiten können Sie gerne zu diesem Kapitel zurückkehren, um sich daran zu erinnern, was wichtig ist.

## Die Lektionen, die Co-Abhängigkeit brechen

### 1 „Strenge Liebe" ist notwendig – nehmen Sie sie an

Scheuen Sie sich nicht vor dem Begriff der strengen Liebe. Einfach ausgedrückt, bedeutet strenge Liebe, dass wir unseren Lieben bestimmte Grenzen oder Einschränkungen auferlegen – mit der Absicht, ihnen langfristig zu Wachstum zu verhelfen. Auch wenn sie es nicht merken, geschieht strenge Liebe zu *ihrem* Vorteil. Um sich endgültig von der Co-Abhängigkeit zu befreien, müssen Sie anfangen, Praktiken der strengen Liebe einzusetzen. Das bedeutet, Nein zu sagen und Grenzen zu setzen, auch wenn Sie Mitleid mit ihrem Partner haben und gerne Ja sagen würden. Co-Abhängige haben anfangs vielleicht mit Schuldgefühlen zu kämpfen, deshalb ist es wichtig, dass Sie in diesen Momenten eine Änderung der Denkweise vornehmen. Anstatt sich auf die Reaktion Ihres Partners im jeweiligen Moment zu konzentrieren, denken Sie an die Vorteile, die er später einmal davon haben wird. Denken Sie an die lebensverändernden Lektionen, die er dadurch lernen wird und daran, wie das Leben ihn dafür belohnen wird, wenn er durchhält. Lassen Sie sich nicht von dem vorübergehenden Unbehagen beeinflussen und richten Sie Ihre ganze Aufmerksamkeit auf das potenzielle Wachstum der Situation. Strenge Liebe ist eine ungewohnte Art von liebevollem Verhalten, aber sie ist nicht weniger liebevoll.

## 2 Bedürfnisse sind Mittel, keine Feinde

In co-abhängigen Beziehungen neigt der Zuhelfer dazu, seine Bedürfnisse als Hindernisse zu sehen. Denn wie kann er sich um die Bedürfnisse seines Partners kümmern, wenn seine eigenen im Weg sind? Damit Zuhelfer ihre co-abhängigen Muster durchbrechen können, müssen sie aufhören, ihre Bedürfnisse als Unannehmlichkeiten zu betrachten. Unsere Wünsche und Bedürfnisse sind Mittel. Sie sagen uns etwas über unseren Geisteszustand und darüber, was wir in unserem Leben brauchen, um Zufriedenheit zu finden. Unsere Bedürfnisse geben uns die Richtung vor, in die wir gehen wollen. Sie sagen uns, was wir für unser Wachstum brauchen und dafür, uns emotional und psychisch zu erhalten. Bedürfnisse sind in der Tat Mittel und Indikatoren für Wachstum. Weichen Sie ihnen nicht aus, sonst wird das Verlangen nur noch stärker. Wir werden unglücklich, wenn wir dieses Verlangen ignorieren und versuchen, es zu unterdrücken. Ein Bedürfnis zeigt einen Mangel an, und wenn es unkontrolliert bleibt, kann dies zu einer Art emotionaler oder mentaler Erschöpfung führen. Ihre Bedürfnisse sind vergleichbar mit dem roten Licht, das aufleuchtet, wenn Ihr Auto mehr Benzin braucht. Diese Lichter tun Ihnen einen Gefallen, indem sie Sie wissen lassen, wenn sie etwas brauchen, um normal weiterfahren zu können. Behandeln Sie Ihre Bedürfnisse auf die gleiche Weise. Lassen Sie nicht zu, dass diese roten Lichter anfangen aufzuleuchten!

### 3  Nichts ändert sich, wenn Sie sich nicht ändern

Inzwischen sind Sie wahrscheinlich mit einigen harten Wahrheiten über Ihr Verhalten und Ihre Beziehung konfrontiert worden. Es ist zutiefst wichtig, dass Sie hier nicht stehen bleiben. Das Wissen, dass Sie sich ändern müssen, reicht allein nicht aus, um eine Veränderung zu bewirken. Sie fühlen sich unzufrieden, unerfüllt, so, als ob Ihre Beziehung viel besser sein könnte, und Sie haben Recht – tun Sie jetzt etwas dagegen. Nutzen Sie Gefühle der Unzufriedenheit als Antrieb, um mit Taten zu beginnen. Ihre Co-Abhängigkeit wird sich nicht auflösen, wenn Sie nicht anfangen, mit Ihrem Partner an einer gesünderen Verhaltensweise zu arbeiten. Wenn Sie sich dabei ertappen, wie Sie wieder in Ihre alten Gewohnheiten zurückverfallen, rechnen Sie damit, dass Sie auch zu Ihren alten Gefühlen der Frustration zurückkehren werden. Wenn Sie etwas Besseres für Ihre Beziehung wollen, *machen* Sie es besser.

## 4 Anhänglichkeit und Besessenheit sind nicht das Gleiche wie Liebe

Wenn Sie völlig auf Ihren Partner eingestimmt sind, kann es leicht passieren, dass Sie denken, diese Besessenheit sei gleichbedeutend mit Liebe. Es ist ein großer Irrglaube, dass wahre Liebe bedeutet, so viel zu geben, bis nichts mehr übrig ist, und seine Identität mit der des Partners zu verschmelzen, denn das führt nur zu Co-Abhängigkeit. Versuchen Sie in Zukunft, Ihre Perspektive bezüglich dessen, was Liebe bedeutet, zu ändern. Denken Sie daran, dass es bei der Liebe nicht nur um Sie als Einheit mit Ihrem Partner geht, sondern auch darum, wie die Beziehung Sie als Individuum beeinflusst. Befähigt Sie die Beziehung, Ihre eigenen Träume und Ziele zu erreichen? Oder gibt sie Ihnen das Gefühl, den Rest Ihres Lebens aufgeben zu müssen? Erinnert die Beziehung Sie daran, wer Sie wirklich sind? Oder löscht sie Ihre einzigartige Identität komplett aus? Denken Sie bei der Liebe an die langfristige Zukunft, die Sie mit Ihrem Partner aufbauen, und nicht nur daran, wie befriedigend sie sich im Moment anfühlt. Versuchen Sie, zu verstehen, dass die Liebe nicht unser Leben übernimmt, sondern sie hilft dem Rest unseres Lebens, sich zu entfalten. Je mehr Sie sich an Ihren Partner klammern, desto weniger Zeit und Raum bleibt für den Rest Ihres Lebens. Bei echter Liebe geht es um zwei ganze Menschen, die in ihrer vollen Kraft zusammenkommen, nicht um zwei Hälften, die verzweifelt versuchen, ein Ganzes zu bilden.

## 5 Hören Sie auf, sich durch Ablehnung besiegt zu fühlen

Es gibt einen Grund dafür, dass beide Partner diesen Kreislauf der Co-Abhängigkeit befeuern; sie haben Angst davor, was passieren würde, wenn sie damit aufhören. Der Zuhelfer macht sich Sorgen, nicht mehr nützlich zu sein, und der zugeholfene Partner hat Angst, vergessen zu werden. Obwohl beide Partner unterschiedliche Bewältigungsstrategien haben, versuchen sie beide, sicherzustellen, dass sie vom anderen Partner geliebt werden. Und warum? Weil der Gedanke, den co-abhängigen Partner zu verlieren, viel zu schmerzhaft ist. Leider kann diese Art von Mentalität nach hinten losgehen. Wenn wir aus tiefer Unsicherheit über Verlust und Ablehnung dazu getrieben werden, uns auf eine bestimmte Art und Weise zu verhalten, kann dies zu einer sich selbst erfüllenden Prophezeiung werden. So schwierig es auch scheint, beide Partner müssen lernen, mit der Vorstellung zu leben, nicht in ihrer co-abhängigen Beziehung zu sein. Mit anderen Worten, sie müssen sich mit dem Gedanken anfreunden, Single zu sein. Wenn sie daran denken, ihren Partner zu verlieren, ist es normal, tiefe Traurigkeit zu empfinden, aber sie sollten nicht das Gefühl haben, dass ihre Welt untergehen wird. Sich mit dem Gedanken anzufreunden, bedeutet nicht, dass man es herbeisehnt – es bedeutet einfach, dass man es akzeptiert, wenn es das Richtige ist. Letzten Endes lässt uns Ablehnung wissen, was für uns richtig ist und was nicht. Anstatt zu versuchen, Ablehnung von Ihrem Partner um jeden Preis zu vermeiden, sollten Sie lernen, sie als eine Möglichkeit zu sehen, um Ihre Kompatibilität zu messen. Wenn Sie zurückgewiesen werden, nachdem Sie Ihr Bestes gegeben haben, dann war die Beziehung nicht für Sie bestimmt. Eines Tages werden Sie entdecken, was für Sie bestimmt *ist*, und es wird Ihnen gut gehen.

# Was ist zu tun, wenn …?

Sie versuchen, eine Co-Abhängigkeit zu durchbrechen, und das ist eine große Sache. Es werden viele Szenarien auftreten, die Sie verwirrt und unsicher zurücklassen bezüglich dessen, was das „Richtige" für die Gesundheit Ihrer Beziehung ist. Wenn Sie das nächste Mal „nicht weiterkommen", schlagen Sie diese Seite auf. Wenn Sie sich mit einem dieser Szenarien konfrontiert sehen, sollten Sie Folgendes tun:

### 1 Ihr Partner hört nicht auf Ihre Grenzen

Wenn Sie dieses Buch beendet haben, werden Sie sich wahrscheinlich motiviert fühlen, nach einer gesünderen Beziehung zu streben. Leider können Sie nicht kontrollieren, wie sich Ihr Partner fühlt. Es ist möglich, dass er oder sie noch nicht ganz bereit ist, neue Veränderungen anzugehen. Das wird sich unter anderem darin zeigen, dass er oder sie sich weigert, sich an Ihre neu gesetzten Grenzen zu halten. Wenn Sie sich darauf geeinigt haben, die Hausarbeit aufzuteilen, kann es sein, dass Ihr Partner immer noch nicht seinen gerechten Anteil leistet und Ihnen die meiste Arbeit überlässt.

Bevor Sie bestimmen, wie Sie am besten reagieren, beantworten Sie diese Fragen: Wie oft mussten Sie Ihren Partner schon an die Grenzen erinnern? Wie viele Streiks hat es gegeben? In welchem Maß fühlen Sie sich nicht respektiert? Ihre Intuition ist ein gutes Mittel, um diese Situation einzuschätzen. Wenn Sie das Gefühl haben, dass Ihr Partner sein Bestes gibt, es ihm jedoch ziemlich schwerfällt, alte Gewohnheiten loszulassen, dann seien Sie hart zu ihm. Scheuen Sie sich nicht, ihm zu zeigen, dass

Sie wütend oder verärgert sind. Machen Sie deutlich, dass Ihnen diese Sache sehr wichtig ist. Wenn Sie sich nicht respektiert fühlen und das Gefühl haben, dass Ihr Partner sich wirklich nicht bemüht, dann überdenken Sie Ihre Beteiligung an dieser Beziehung. Sie geben Ihr Bestes und es ist nur fair, dass Ihr Partner sich ebenfalls bemüht. Sie sind bereit für eine bessere Beziehung, und solange Ihr Partner in seinen alten Gewohnheiten verhaftet ist, wird er auch Sie am Wachstum hindern. Sie haben etwas Besseres verdient.

## 2 Ihr Partner übertreibt seine Beschwerden, um gegen Ihre neuen Grenzen zu rebellieren

Sie haben versucht, Ihrem Partner Grenzen zu setzen, und er hat darauf mit einer Übertreibung seines Zustands reagiert. Er tut alles, um noch hilfloser zu erscheinen. Hoffentlich wissen Sie inzwischen, warum: Er will den Kreislauf in Gang halten. Er fühlt sich wahrscheinlich ängstlich und nervös gegenüber der neuen Wendung, die Ihre Beziehung nimmt, und möchte, dass Sie sich wieder so verhalten wie früher.

Denken Sie daran, dass Ihrem Partner beigebracht wurde, Zuhilfe mit Liebe gleichzusetzen. Diese Verhaltensänderung führt wahrscheinlich dazu, dass er sich unsicher fühlt und sich fragt, wie er weiterhin Liebe von Ihnen bekommen kann, wenn Sie nicht mehr das Bedürfnis haben, ihm zu helfen. Versuchen Sie, ihn sanft auf dieses Verhalten hinzuweisen. Machen Sie ihn auf sein Tun aufmerksam, und erklären Sie ihm, warum er sich so benimmt. Vielleicht ist es ihm gar nicht bewusst und er reagiert nur aus Unsicherheit auf diese Weise. Bleiben Sie danach bei Ihren Grenzen, aber bemühen Sie sich besonders, ihm auf eine

Weise Liebe zu zeigen, die keine Co-Abhängigkeit fördert. Wenn er gerne Geschenke bekommt, schenken Sie ihm Blumen oder etwas, das ihn zu einem neuen Hobby ermutigt – aber werden Sie nicht nachlässig in Ihrem Bemühen, ihn dazu zu bringen, dass er seine Aufgaben erledigt. Ersetzen Sie co-abhängiges Verhalten durch anderes liebevolles Verhalten.

### 3 Ihr Partner ist Ihnen gegenüber misstrauisch, wenn Sie Ihren persönlichen Freiraum genießen

Da Sie und Ihr Partner so daran gewöhnt sind, viel Zeit miteinander zu verbringen, kann es ein Schock sein, wenn Sie endlich persönlichen Freiraum in Ihr tägliches Leben einbauen. Um diesen zu bewältigen, könnte Ihr Partner sogar misstrauisch werden und glauben, dass Ihr Verhalten durch einen böswilligen Hintergedanken motiviert ist. Schließlich ist er daran gewöhnt, Liebe als Synonym für gemeinsame Zeit anzusehen. Es wird einige Zeit dauern, bis er sich an diese neue Sichtweise gewöhnt, und es kann zu Widerständen kommen. Es kann sogar sein, dass er Ihnen ein paar Anschuldigungen an den Kopf wirft. Zum Beispiel könnte er glauben, dass der wahre Grund für den gewünschten Abstand darin besteht, dass Sie sich eine Möglichkeit schaffen wollen, um fremdgehen zu können, oder dass Sie versuchen, auf eine freundliche Art und Weise mit ihm Schluss zu machen. Dies sind einige der vielen Anschuldigungen, die Zuhelfer eventuell zu hören bekommen.

Betrachten Sie dieses Verhalten als das, was es ist. Ihrem Partner wurde beigebracht, dass Liebe bedeutet, sich aneinander zu klammern, also denkt er natürlich, dass der umgekehrte Fall bedeutet, Ihnen egal zu sein. Das ist natürlich nicht wahr, also nehmen Sie sich die Zeit, ihn auf sanfte Weise zu beruhigen. Erinnern Sie ihn daran, dass Sie deshalb versuchen, sich zu ändern, weil Sie sicherstellen wollen, dass Ihre Beziehung Erfolg hat. Persönlicher Freiraum ist eine Möglichkeit, dafür zu sorgen, dass Ihre Beziehung gesund und geschützt ist, nicht verzweiflungsvoll und klammernd. Überlegen Sie sich, wie Sie Ihren Partner beruhigen können, ohne auf co-abhängiges Verhalten zurückzugreifen. Ähnlich wie im vorherigen Szenario, können Sie ihm Ihre Liebe auf eine neue Art und Weise zeigen, z. B. indem Sie ihm hin und wieder ein Geschenk kaufen oder ihm eine Karte schreiben, die von Herzen kommt.

## 4 Ihr Partner kann sich immer noch nicht um sich selbst kümmern, obwohl Sie ihm Freiraum gegeben haben

Wie wir festgestellt haben, entzieht übermäßiges Helfen Autonomie und Ermächtigung. Um Ihrem Partner zu helfen, sich wieder mit seiner inneren Stärke zu verbinden, haben Sie ihm wahrscheinlich Raum gegeben, damit er lernt, wie er sich um seine eigenen Bedürfnisse kümmern kann. Das ist ein positiver Schritt Ihrerseits. Vielleicht stellen Sie aber auch fest, dass Ihr Partner immer noch nicht in der Lage ist, sich selbst zu helfen. Er versucht es, aber er scheitert. Er ist inkompetent, macht ständig Fehler und ist insgesamt darin nicht so gut, wie Sie es waren.

In diesen Momenten wird es verlockend sein, in Ihr altes Verhalten zurückzufallen. Wenn Sie ihn scheitern sehen, werden Sie ihm wieder helfen wollen. Wenn es ihm wirklich Schwierigkeiten bereitet, ist es in Ordnung, ihm ein wenig unter die Arme zu greifen, aber versuchen Sie ansonsten, standhaft zu bleiben. Andernfalls könnten Sie das als Rückschritt empfinden. Er hat Schwierigkeiten, weil all das für ihn neu ist. Sie hatten Ihr ganzes Leben lang Zeit, um zu lernen, wie man es richtig macht, aber er lernt es erst jetzt. Es wird einige Zeit dauern, damit können Sie rechnen. Seien Sie behutsam zu ihm und tun Sie, was Sie können, um ihn beim Lernen zu unterstützen, aber nehmen Sie ihm die Arbeit nicht ab. Wenn Ihr Partner Schwierigkeiten hat, sein Essen selbst zuzubereiten, kaufen Sie ihm ein neues Kochbuch oder bezahlen Sie ihm ein oder zwei Kochkurse – aber geben Sie nicht nach und fangen Sie nicht an, wieder das ganze Essen für ihn zu kochen! Haben Sie Geduld und tun Sie, was Sie können, um das Wachstum zu fördern.

## 5 Sie haben begonnen, sich völlig nutzlos und wertlos zu fühlen

Bis jetzt sind Sie als „Wiedergutmacher" in Ihrer Beziehung zurechtgekommen. Sie haben sich daran gewöhnt, Ihrem Partner bei jeder Kleinigkeit zu helfen und seine Schmerzen zu lindern, wann immer Sie können. Aber vergessen Sie nicht, dass es nicht nur darum geht, was Ihr Partner von Ihnen bekommt; denn auch Ihre Befriedigung kommt in Form des Gefühls, gebraucht zu werden. Wenn Sie wissen, dass Sie Ihrem Partner eine Hilfe sind, fühlen Sie sich nützlich. Sie haben das Gefühl, etwas zu tun, das wichtig ist. Das Ausbrechen aus den co-abhängigen Gewohnheiten bedeutet, dass Sie versuchen, nicht zu viel zu helfen, und diese neue Veränderung hat dazu geführt, dass Sie sich ein wenig nutzlos fühlen. Dies kann sogar in gewissem Maß zu einer Depression führen.

Erinnern Sie sich selbst daran, dass Sie helfen, indem Sie sich zurückziehen. Auf diese Weise ermöglichen Sie Ihrem Partner, seine Lektionen zu lernen und sich selbst weiterzuentwickeln. Verstehen Sie, dass sich Helfen und Nützlichsein in einem anderen Verhalten äußert, wenn die Beziehung keine co-abhängige ist. Sie sind an die co-abhängige Art des „Helfens" gewöhnt, doch eigentlich handelt es sich hierbei um Zuhilfe. Wenn wir jemandem *wirklich* helfen, tun wir das, was für ihn am besten ist. Und in diesem Fall ist es für Ihren Partner am besten, *nicht* zu sehr zu helfen. Erkennen Sie, dass Sie sich in Wirklichkeit nur nach der sofortigen Befriedigung sehnen, die sich aus der Zuhilfe Ihres Partners ergibt. Indem Sie ihn zu nichts zwingen, erlauben Sie ihm, das zu tun, was ihm im Moment gefällt. Das wirkt vielleicht so, als ob es gut für ihn wäre, aber in Wirklichkeit ist es alles andere als hilfreich. Denken Sie an diese Unterscheidung und widerstehen Sie dem Drang, um jeden Preis zu viel zu helfen.

Diese Reise wird nicht immer einfach sein. Sie werden sogar manchmal kämpfen müssen und das Gefühl haben, dass es zu schwierig ist. Natürlich ist es schwer – schließlich durchbrechen Sie Reaktionsmuster, die in Ihrem Gehirn fest verankert sind. Wichtig ist, dass Sie die Entbehrungen als das erkennen, was sie sind. Sie bedeuten Wachstum. Beachten Sie diese wichtigen Lektionen bei all Ihren Entscheidungen und Sie werden bald mit Stolz sagen können: „Nein, ich bin nicht co-abhängig."

# Fazit

Indem Sie es bis zu dieser Seite geschafft haben, haben Sie große Schritte in Richtung einer nachhaltigeren und gesünderen Beziehungsdynamik gemacht. Das ist eine wunderbare Nachricht – nicht nur für Sie, sondern auch für Ihren Partner. Sie haben bewiesen, dass Sie sich wirklich für eine glücklichere Zukunft mit Ihrem Partner einsetzen und dass Sie bereit sind, alles Nötige zu tun, um Ihre Co-Abhängigkeit zu beenden. Sie sind dem Erfolg so viel näher, als Sie denken! Wenn Sie mehr Motivation brauchen, müssen Sie nur zu diesem Buch zurückkehren. Alles, was Sie brauchen, ist hier zu finden.

Hoffentlich hat dieses Buch Sie dazu ermächtigt, weiterhin in großen, kraftvollen Schritten vorwärtszugehen. Es ist wichtig, dass Sie sich daran erinnern, dass eine Co-Abhängigkeit keine lebenslange Strafe ist; Beziehungtrainer und Psychologen sind sich überall einig darüber, dass Co-Abhängigkeiten in der Tat mit der Zeit geheilt werden können. Wenn Sie sich an die hilfreichen Regeln und Tipps in diesem Buch halten, werden Sie Ihre Beziehung bald in einem ganz neuen Licht sehen. Sie werden ein glücklicherer, erfüllterer Mensch sein und Ihre Beziehung wiederum wird aufblühen. Wichtig ist, dass Sie beharrlich und selbstbewusst bleiben.

Wir haben uns eingehend mit dem Thema Co-Abhängigkeit befasst und herausgefunden, was sie wirklich bedeutet und was genau sie von einer gewöhnlichen Abhängigkeit von unseren Lieben unterscheidet. Es ist wichtig, dass Sie diesen Unterschied erkennen, denn es gibt keinen Grund, all Ihr abhängiges Verhalten abzulegen – einiges davon ist völlig normal. Inzwischen sind Sie sich des Unterschieds zwischen beiden Dingen sehr wohl bewusst. Co-abhängiges Verhalten bedeutet nicht, dass wir niemals von unserem Partner abhängig sind. Es bedeutet einfach, ein gesundes Maß an Abhängigkeit einzuhalten und nicht zu vergessen, wer Sie ohne Ihren Partner sind.

Bevor Sie das Problem angehen, ist es wichtig, dass Sie herausfinden, welcher co-abhängige Partner Sie sind. Sind Sie der Zuhelfer oder der Zugeholfene? Versuchen Sie, diese Frage ehrlich zu beantworten. Wir haben die Familienverhältnisse, die vermutlich bei dem entsprechenden Partner vorzufinden sind, beschrieben und es ist möglich, dass Sie sich in diesen Beschreibungen wiedererkennen. Vielleicht waren Sie sogar in der Lage, genau die Beziehung in Ihrer Kindheit zu benennen, die Ihnen diese abhängige Denkweise vermittelt hat. Versuchen Sie nun, nachdem Sie dieses Buch beendet haben, diese Erinnerungen durchzuarbeiten. Welche frühkindliche Beziehung hat Sie gelehrt, co-abhängig zu sein? Gehen Sie tief in sich und erkennen Sie, dass diese frühe Beziehung wahrscheinlich sehr dysfunktional war. Wenn Sie Ihre romantische Paarbeziehung auf die gleiche Weise behandeln, wird das nur zu den gleichen Funktionsstörungen führen. Das wollen Sie doch nicht, oder? Nein, natürlich nicht.

Sobald Sie sich zur Veränderung verpflichten, müssen Sie anfangen, einige Grenzen zu setzen. Das bedeutet, „Nein" zu sagen und einige Regeln aufzustellen, wo es nötig ist. Es bedeutet, Ihrem Partner auf irgendeine Weise zu vermitteln, dass Sie nicht mehr jede Kleinigkeit, die schiefläuft, in Ordnung bringen werden. Das kann schwierig sein, vor allem, weil Sie es nicht gewohnt sind. Vielleicht haben Sie sogar Schuldgefühle oder sind sich unsicher darüber, wie Sie die Grenzen durchsetzen können. Beherzigen Sie die Tipps, die wir behandelt haben, und Sie werden Grenzen bald als etwas völlig Natürliches empfinden. Sie werden feststellen, dass Sie plötzlich viel mehr Energie haben, da Sie nicht mehr erschöpft sind, weil Sie sich überanstrengen und mehr als Ihren gerechten Anteil tun.

Abgesehen davon ist es auch wichtig, dass Sie und Ihr Partner am Aufbau Ihres Selbstbewusstseins arbeiten. Zum Beispiel, indem Sie ein stärkeres Selbstwertgefühl und eine bessere Eigenwahrnehmung entwickeln. Mit Hilfe der Affirmationen und Übungen in diesem Buch können Sie beginnen, Ihre Psyche neu zu konditionieren, um mehr positive Gedanken über sich selbst zu produzieren. Wie können Sie das Beste aus Ihren Gaben und positiven Eigenschaften machen, wenn Sie sich ihrer Existenz nicht bewusst sind? Ob Sie sich dessen bewusst sind oder nicht, das Selbstwertgefühl ist ein wichtiger Teil der Heilung von Co-Abhängigkeit. Sie müssen erkennen, dass Sie genug sind und dass Sie wunderbar sind, auch ohne einen Partner an Ihrer Seite. Indem Sie einen positiveren inneren Dialog schaffen, helfen Sie Ihrer Beziehung, zu gedeihen.

Nachdem Sie etwas über Grenzen gelernt und Selbstwertgefühl entwickelt hatten, standen Sie vor einigen großen Herausforderungen – insbesondere destruktives Verhalten. Hoffentlich waren Sie motiviert und inspiriert, diese schädlichen Gewohnheiten endlich aus Ihrem Leben zu verbannen. Sie können sich nicht weiterentwickeln, wenn Sie die Hindernisse nicht aus dem Weg räumen. Sobald Sie erkannt haben, worin diese Hindernisse bestehen, können Sie hart daran arbeiten, sie zu überwinden. Jetzt, da Sie den Kreislauf des narzisstischen Missbrauchs verstehen, können Sie sich hoffentlich von dem Missbrauch erholen, den Sie erlitten haben. Wenn Sie in einer Beziehung mit einem Narzissten bleiben, halten Sie sich fest – es könnte eine turbulente Fahrt werden. Kehren Sie zum Abschnitt über narzisstischen Missbrauch zurück und tun Sie Ihr Bestes, um die dort aufgelisteten Veränderungen zu vollziehen – andernfalls könnten Sie sich in einem Kreislauf wiederfinden, der nie endet. Denken Sie daran: Wenn Sie sich nicht ändern, wird sich auch nichts ändern!

Mit neuen Strategien und Übungen zum Loslösen in der Tasche können Sie endlich die Unabhängigkeit entdecken. Lassen Sie das befreiende Gefühl zu, das sich einstellen wird. Haben Sie Spaß an den Herausforderungen und genießen Sie, wie es sich anfühlt, endlich persönlichen Freiraum zu haben. Sie kennen inzwischen die Bedeutung von Zeit für sich allein und von persönlichem Freiraum. Wenn Sie das nächste Mal nicht wissen, was Sie mit sich selbst anfangen sollen, können Sie sich sicher sein, dass Sie eine solide Liste mit Ideen haben. Ziehen Sie eine Aktivität in Betracht, die Ihr eigenes Wachstum fördert oder Sie durch Selbstfürsorge bestärkt. Sie brauchen beides in gleichem Maße!

Die zentralen Erkenntnisse, die für die Heilung der Co-Abhängigkeit wichtig sind, wurden kurz und bündig zusammengefasst. Schlagen Sie noch einmal das letzte

Kapitel auf, wenn Sie jemals verunsichert sind. Erinnern Sie sich an diese Lektionen und sorgen Sie dafür, dass jede Veränderung, die Sie vornehmen, von diesen Erkenntnissen getragen wird. Wenn Sie mit Ihrem Partner in eine schwierige Situation geraten, wird Ihnen dieses Kapitel zudem Ideen geben, was Sie tun können. Es gibt immer eine Lösung, solange sich beide Partner für Wachstum einsetzen. Lassen Sie nicht zu, dass die Bezeichnungen „Zuhelfer" und „Zugeholfener" Ihr gemeinsames Leben bestimmen. Erforschen Sie Ihre Individualität, lernen Sie, sich auf gesunde Art loszulösen und schenken Sie Ihrem ganzen Leben (nicht nur Ihrer Beziehung) Liebe. Erweisen Sie sich selbst die gleiche Zuneigung, die Sie auch einem anderen Menschen geben würden, dann werden Sie Berge versetzen.

Kapitel auf, wenn Sie jemals verunsichert sind. Erinnern Sie sich an diese Lektionen und sorgen Sie dafür, dass jede Veränderung, die Sie vornehmen, von diesen Erkenntnissen getragen wird. Wenn Sie mit Ihrem Partner in eine schwierige Situation geraten, wird Ihnen dieses Kapitel zudem Ideen geben, was Sie tun können. Es gibt immer eine Lösung, solange sich beide Partner für Wachstum einsetzen. Lassen Sie nicht zu, dass die Bezeichnungen „Zuhelfer" und „Zugeholfener" Ihr gemeinsames Leben bestimmen. Erforschen Sie Ihre Individualität, lernen Sie, sich auf gesunde Art loszulösen und schenken Sie Ihrem ganzen Leben (nicht nur Ihrer Beziehung) Liebe. Erweisen Sie sich selbst die gleiche Zuneigung, die Sie auch einem anderen Menschen geben würden, dann werden Sie Berge versetzen.

# Quellen und weiterführende Literatur

Bacon, I., McKay, E., Reynolds, F., & McIntyre, A. (2018). The Lived Experience of Codependency: an Interpretative Phenomenological Analysis. *International Journal of Mental Health and Addiction*, *18*(3), 754–771. https://doi.org/10.1007/s11469-018-9983-8

Beattie, M. (1986). *Codependent No More: How to Stop Controlling Others and Start Caring for Yourself.* Hazelden.

Beattie, M. (2009). *The New Codependency: Help and Guidance for Today's Generation.* Simon & Schuster.

Cowan, G., Bommersbach, M., & Curtis, S. R. (1995). Codependency, Loss Of Self, And Power. *Psychology of Women Quarterly*, *19*(2), 221–236. https://doi.org/10.1111/j.1471-6402.1995.tb00289.x

A Critical Analysis of the Concept of Codependency. (1994). *Social Work.* https://doi.org/10.1093/sw/39.6.677

Hühn, S. (2021). *Ich lasse deines bei dir: Schluss mit toxischen Beziehungen und Co-Abhängigkeit!* Schirner Verlag.

Krishnananda. (2000). *Liebeskummer lohnt sich doch: Co-Abhängigkeit in der Beziehung und die Ängste des Inneren Kindes.* Schrodt, F.

Mazzola, K. (2019). *The Codependency Recovery Plan: A 5-Step Guide to Understand, Accept, and Break Free from the Codependent Cycle.* Althea Press.

Mellody, P., Miller, A. W., & Miller, K. J. (2003). *Facing Codependence: What It Is, Where It Comes from, How It Sabotages Our Lives.* Harper & Row.

Morgan, J. P. (1991). What is codependency? *Journal of Clinical Psychology, 47*(5), 720–729. https://onlinelibrary.wiley.com/doi/10.1002/1097-4679(199109)47:5%3C720::AID-JCLP2270470515%3E3.0.CO;2-5

Schaef, A. W. (2002). *Co-Abhängigkeit. Die Sucht hinter der Sucht.* Heyne Verlag.

Stahl, S. (2017). *Jeder ist beziehungsfähig: Der goldene Weg zwischen Freiheit und Nähe. - Mit dem Konzept von „Das Kind in dir muss Heimat finden" zu einer erfüllten Partnerschaft.* Kailash.

Tawwab, N. G. (2021). *Set Boundaries, Find Peace: A Guide to Reclaiming Yourself.* TarcherPerigee.

Winter, K. (2021). *Sensible Menschen in Beziehungen: Der Weg zur wahren Liebe als Empath. So erkennst du Manipulatoren, schützt dich vor toxischen Abhängigkeiten und findest endlich deinen Traumpartner.* Emotico.

Wright, P. H., & Wright, K. D. (1990). Measuring codependents' close relationships: A preliminary study. *Journal of Substance Abuse, 2*(3), 335–344. https://doi.org/10.1016/s0899-3289(10)80005-7

www.ingramcontent.com/pod-product-compliance
Lightning Source LLC
Chambersburg PA
CBHW070119030426
42335CB00016B/2209